LE LIVRE D'ANTIALCOOLISME

DES ÉCOLES PRIMAIRES

D'après le programme du 9 mars 1897

PAR

L. ANGOT

Inspecteur de l'enseignement primaire

PARTIE DU MAITRE

**PLANS — DIRECTIONS PÉDAGOGIQUES — RÉSUMÉS
LECTURES — EXERCICES D'INTELLIGENCE
DICTÉES — PROBLÈMES — DEVOIRS DE RÉDACTION**

PARIS
LIBRAIRIE CLASSIQUE INTERNATIONALE
A. FOURAUT
47, RUE SAINT-ANDRÉ-DES-ARTS, 47

LE
LIVRE D'ANTIALCOOLISME

A LA MÊME LIBRAIRIE

Ouvrages de *LOUIS BOYER*

Inspecteur de l'enseignement primaire, officier de l'Instruction publique.

Le livre de morale et d'instruction civique des écoles primaires (cours élémentaire et cours moyen). Illustrations de J. MAUBEL.

— *Partie de l'élève.* — Lectures-historiettes. — Maximes. — Résumés. — Récitations. 3e édition. 1 vol. in-18 jésus, cart. 1 30

— *Partie du maître.* — Lectures-récits. — Maximes. — Résumés. — Récitations. — Devoirs de rédaction. 1 vol. in-18 jésus, cart. 1 60

Le livre de morale des écoles primaires (cours moyen, cours supérieur) **et des cours d'adultes.**

— *Partie de l'élève.* — Résumés. — Lectures. — Récitations. 5e édition. 1 vol. in-18 jésus, cart. 1 30

— *Partie du maître.* — Plans. — Résumés. — Lectures. — Récitations. — Devoirs de rédaction. 5e édition. 1 vol. in-18 jésus, cart. 1 60

Le livre d'instruction civique des écoles primaires (cours moyen, cours supérieur) **et des cours d'adultes.**

— *Partie de l'élève.* — Résumés. — Lectures. — Récitations. 2e édition. 1 vol. in-18 jésus, cart. 1 30

— *Partie du maître.* — Plans. — Résumés. — Lectures. — Récitations. — Devoirs de rédaction. 1 vol. in-18 jésus, cart. 1 60

Ces six volumes sont inscrits sur la liste des ouvrages fournis gratuitement par la Ville de Paris à ses écoles communales.

LE

LIVRE D'ANTIALCOOLISME

DES ÉCOLES PRIMAIRES

D'après le programme du 9 mars 1897

PAR

L. ANGOT

Inspecteur de l'enseignement primaire

PARTIE DU MAITRE

**PLANS — DIRECTIONS PÉDAGOGIQUES — RÉSUMÉS
EXERCICES D'INTELLIGENCE — LECTURES
DICTÉES — PROBLÈMES — DEVOIRS DE RÉDACTION**

PARIS

LIBRAIRIE CLASSIQUE INTERNATIONALE

A. FOURAUT

47, RUE SAINT-ANDRÉ-DES-ARTS, 47

1898

A LA MÊME LIBRAIRIE

Ouvrages de *M. É. GOUÉ*

Inspecteur primaire, officier d'académie.

L'arithmétique des petits. Premières leçons de calcul, conformes aux derniers programmes; à l'usage des écoles maternelles, des classes enfantines et du cours élémentaire des écoles primaires.

— *Livre de l'élève*, renfermant de nombreuses gravures; 2e édition. 1 vol. in-18 jésus, cart. . . . . » 75

— *Livre du maître*. 1 vol. in-18 jésus, cart 1 50

L'Arithmétique des petits renferme des parties absolument neuves : le calcul sur les nombres de 1 à 10; l'étude de la numération; les règles générales pour la résolution des problèmes, question qui n'a été abordée par aucun ouvrage élémentaire; **la table de multiplication présentée d'une façon nouvelle,** fondée sur le rapport des nombres entre eux; cette table, d'une étude facile et simple, est destinée à remplacer à bref délai l'ancienne table de Pythagore, qui a causé et qui cause encore tant de soucis à des générations d'écoliers et de maîtres.

L'Arithmétique des petits part du nombre **un** et conduit pas à pas l'enfant jusqu'à la division des nombres entiers à travers 1500 exercices oraux ou écrits.

Abrégé de l'arithmétique des petits. Premières leçons de calcul; à l'usage des *écoles maternelles seules.*

— *Livre de l'élève*, renfermant de nombreuses gravures. 1 vol. in-18 jésus, cart . . . . » 40

— *Livre de la maîtresse*. 1 vol. in-18 jésus, cart. . . . . . » 80

Nouvelle table de multiplication, extraite de l'*Arithmétique des petits*. Le cent.......................... 3 fr. 50

AUX INSTITUTEURS ET AUX INSTITUTRICES

L'importance d'un enseignement antialcoolique s'impose rigoureusement dans nos écoles primaires. Il faut sans tarder se mettre à la besogne, parce que le danger est grand.

J'estime que, dans un enseignement d'une telle portée, l'enseignement direct, par la parole du maître, est de toute nécessité.

Le froid enseignement que peut donner un manuel n'est pas suffisant. Il faut la parole même de l'instituteur, convaincue, vive, chaude, qui s'élève ardente contre le redoutable ennemi de la société de nos jours. Il faut que l'alcoolisme soit dévoilé aux yeux des enfants avec toutes ses laideurs, avec tous ses dangers, avec toutes ses conséquences, et, certes, toute l'autorité morale de la parole du maître n'est pas de trop pour terrasser notre puissant ennemi. C'est ce qui m'a engagé à ne donner, en morale et en sciences, que les plans des leçons, laissant à l'instituteur le soin de les développer avec une force d'argumentation qu'il trouvera dans son cœur d'éducateur.

A l'œuvre donc! Puissions-nous réussir et donner à la patrie une génération saine, tempérante et morale, qui comprenne tous ses devoirs!

L. ANGOT.

APPROBATIONS

« Vous avez condensé en un petit nombre de leçons, courtes, simples, claires et précises, les notions que nous avons à donner à nos élèves sur l'alcoolisme. »

« Ce livre rendra des services non seulement aux élèves de la classe du jour, mais encore et surtout aux jeunes gens des cours d'adultes. Je lui souhaite le succès qu'il mérite. »

« J'ai lu votre petit ouvrage avec un très vif intérêt. Les résumés m'ont plu beaucoup ; ils disent largement le nécessaire ; les idées, exprimées en un style net, clair et concis, doivent se graver profondément dans la mémoire des enfants. Les lectures viennent à l'appui de chaque leçon pour l'éclairer, la corroborer et la fixer. Je me ferai un devoir de recommander votre précieux livre à mes collègues et à mes amis. »

« Mes sincères remerciements pour votre excellent petit volume, qui va nous faciliter la tâche en nous économisant le temps. »

(*Extraits de quelques-unes des lettres adressées à l'auteur par des instituteurs et des institutrices.*)

« Remerciements à M. Angot pour l'envoi de son excellent livre d'antialcoolisme. » (Docteur J. Roubinovitch, chef de clinique à la Faculté de médecine de Paris.)

« J'ai reçu votre **Livre d'antialcoolisme**, dont vous m'avez fait l'hommage. Je vous en remercie doublement, et pour notre jeunesse d'abord, et pour moi ensuite. » (Docteur Legrain, médecin en chef de l'Asile de Ville-Évrard.)

LE LIVRE D'ANTIALCOOLISME
DES ÉCOLES PRIMAIRES

I. — MORALE.

1re LEÇON. — Dangers de l'ivresse.

PLAN.

Faire le portrait de l'homme ivre : habits souillés, regard sans expression, parole embarrassée, bavardage inepte, discours sans liaison, idées désordonnées, anéantissement de l'intelligence, mouvements sans précision. Le montrer tantôt triste ou gai, parfois emporté, l'injure à la bouche et frappant sans savoir, au risque de blesser ou de tuer. Le montrer se vautrant, perdant toute dignité, et se ravalant au niveau de la brute.

L'ivresse répétée conduit à l'alcoolisme chronique avec toutes ses conséquences pour le corps, l'esprit et l'intelligence : nausées, vomissements, pituites, dyspepsie, sécrétions ralenties, lésions du foie; endurcissement des muqueuses, dont l'action est entravée; vieillesse anticipée, disposition toute particulière aux affections graves qui abrègent la vie ou assombrissent les dernières années de la vie; désordres de la sensibilité générale et des organes des sens; perversion de la sensibilité morale et du caractère, qui s'attriste et s'inquiète; affaissement des facultés mentales, qui s'alourdissent et s'émoussent.

L'ivresse ruine les maisons et les familles : pendant que l'ivrogne reste au cabaret, les ressources de la maison se restreignent de plus en plus, et bientôt la gène et la misère s'installent au foyer domestique : huche sans pain, chambres sans feu, enfants mal vêtus et grelottants sous la bise, dettes, saisie mobilière, reproches et querelles, désespoir et mort violente.

Ayons donc horreur de l'ivresse, aux conséquences si redoutables pour l'ivrogne et pour sa famille.

DIRECTIONS PÉDAGOGIQUES.

Mettre sous les yeux des enfants des gravures représentant l'homme ivre, et son intérieur de famille triste, nu et froid. Ne pas craindre de noircir le tableau par des explications qui frapperont vivement l'esprit des enfants et leur inspireront le dégoût et l'horreur de l'ivresse.

RÉSUMÉ.

L'ivresse est un vice méprisable, qui dégrade l'homme et lui ôte tout droit au respect, en le ravalant au niveau de la brute. Elle conduit à l'alcoolisme. Elle abrège la vie et prépare aux maladies et aux infirmités. Elle affaiblit les facultés et détruit l'énergie morale. Elle est la ruine des maisons et des familles, et porte à des actes toujours fâcheux, souvent honteux, parfois criminels.

MAXIME. — ***Fuyons l'ivresse. Elle coûte plus à nourrir que deux enfants.***

EXERCICE D'INTELLIGENCE.

Avez-vous déjà vu un homme ivre? — Quelle impression ce spectacle vous a-t-il produite? — A quoi conduit l'ivresse répétée? — Quelles sont les lamentables conséquences de l'alcoolisme? — L'ivresse est-elle funeste aux maisons et aux familles? — En quoi? — Faites le portrait de l'intérieur de famille d'un ivrogne.

LECTURES.

1. — L'alcoolisme aigu.

L'alcoolisme aigu a pour principale manifestation l'ivresse. C'est un état bien connu, qui offre de nombreuses variétés résultant de la qualité et de la quantité des boissons ingérées, de l'âge, du sexe, des dispositions particulières aux individus, etc.

Au bien-être général que détermine d'abord une faible quantité de liqueur spiritueuse succède, sous l'influence d'une ingestion plus abondante, une excitation plus générale : la force musculaire s'accroît; les yeux brillent;

la figure est resplendissante, animée; une gaieté plus que naturelle éclate, les soucis sont bannis, les idées pressées et abondantes; l'esprit est vif, mordant, le courage intrépide; la sensibilité s'exalte; puis survient une sensation de vertige agréable, la vue s'obscurcit légèrement, les oreilles bourdonnent, la démarche devient incertaine et vacillante.

Bientôt succède l'excitation désordonnée : les traits du visage se font remarquer par une grande mobilité; la parole est embarrassée; un bavardage inepte, des discours sans liaison font suite à l'inspiration de l'esprit stimulé; la joie est extravagante. Chacun découvre avec candeur et sincérité ses mœurs et son caractère, d'où l'adage *in vino veritas* : l'homme colère s'emporte, parfois même il frappe; le sot se met à rire et fatigue de ses présents ceux qui n'en veulent pas; l'homme triste verse des larmes, parle de la religion et de la mort. Les jugements perdent leur justesse, les idées sont désordonnées. En même temps les mouvements perdent leur précision, les yeux sont hagards, la démarche incertaine, saccadée, difficile, titubante. L'ouïe, la vue offrent des illusions nombreuses, la sensibilité générale et la sensibilité spéciale sont perverties.

Une dernière période s'accuse : les traits s'altèrent, le visage pâlit, la physionomie perd toute expression, les idées disparaissent peu à peu, l'intelligence s'anéantit, le mouvement devient impossible, la température s'abaisse et l'individu tombe dans un sommeil privé de tout sentiment.

Telle est l'ivresse alcoolique ordinaire; mais, à côté de cette forme progressive, on observe quelquefois deux autres formes dites l'une convulsive, l'autre apoplectique.

Lorsque la forme convulsive se manifeste, les yeux deviennent brillants, hagards; les muscles sont agités; puis survient un délire furieux : le malheureux malade est difficilement maintenu par les personnes qui l'entourent; il grince des dents, crache à la figure des assistants, essaye de mordre, imprime ses ongles partout, se déchire lui-même si ses mains sont libres, gratte la terre s'il peut s'échapper, et pousse des hurlements épouvantables; c'est, en un mot, une sorte d'enragé.

La forme apoplectique de l'ivresse se caractérise par l'état comateux dans lequel le malade tombe rapidement : le corps devient froid et insensible, l'œil vitreux et atone;

le pouls est peu marqué, l'intelligence et le mouvement font défaut; de telle sorte que, sans l'odeur alcoolique exhalée par le malade, on pourrait croire à une hémorragie étendue de l'encéphale.

Inutile de dire que ces manifestations diverses peuvent avoir les conséquences les plus fâcheuses. Si l'ivresse cesse le plus souvent à la suite d'un sommeil profond et d'une transpiration plus ou moins abondante, il n'est pas moins vrai qu'elle peut entraîner à sa suite des désordres matériels sérieux et, dans certains cas, se terminer par la mort.

(Docteur Lancereaux, *De l'alcoolisme et de ses conséquences. — Comptes rendus du Congrès international de l'alcoolisme*, 1878.)

2. — Drame conjugal.

En 1896, W..., âgé de vingt-trois ans, ouvrier tisserand, épousait Philomène G..., ouvrière, âgée de vingt-deux ans. Pendant les premiers mois, le ménage fut assez tranquille, et bientôt il fut augmenté d'un enfant; mais peu après, sous des prétextes futiles, W... se mit à maltraiter sa femme, qui, fatiguée d'être malmenée, quitta le domicile conjugal avec son nouveau-né, pour aller résider avec sa mère.

Le 26 mai 1897, vers 5 heures du soir, le mari, qui n'avait pas travaillé de la journée, mais qui avait fait de nombreuses stations dans les cabarets des environs, se présenta chez sa femme, demandant à embrasser son enfant. Sa belle-mère, seule au logis, refusa à son gendre l'entrée de la chambre, et l'ivrogne se retira après menace d'amener un agent de police.

Vers 9 heures, W..., dans un état d'ébriété prononcé, réussit à se faire ouvrir la porte par sa femme, qui venait de rentrer de son travail. W... refusant de s'en aller, les deux femmes sortirent avec l'enfant en fermant la porte de l'habitation à double tour, et rentrèrent bientôt accompagnées d'un agent de police, qui conseilla au mari de partir. Presque aussitôt après, W... sortait un revolver de sa poche et faisait feu dans la direction de sa femme, qui, atteinte au front, tomba sans pousser un cri.

L'agent de police, présent au drame, se précipita sur

l'assassin, qui se laissa arrêter et emmener sans résistance.

La pauvre femme expirait une heure après, à côté du berceau où reposait son jeune enfant.

W..., dégrisé par son acte de sauvagerie alcoolique, ayant appris l'état désespéré de sa femme, fut pris d'une violente crise de larmes, au cours de laquelle il a manifesté l'intention de se suicider.

(***.)

DICTÉES.

COURS ÉLÉMENTAIRE.

1. — Il faut toujours avoir présent à l'esprit que l'alcool est un poison; que celui qui cède à son pernicieux attrait perd ses forces, son intelligence et sa santé; qu'il compromet le bien-être de sa famille; qu'il introduit la tristesse, la misère, et parfois la honte au foyer domestique.

2. — L'homme ivre, quelle dégradation physique! Voyez-le! ses jambes flageolent et ne peuvent plus le porter; il marche en zigzag, au risque de blesser les passants; ses habits sont souillés de la boue du ruisseau où il s'est vautré. Il a abandonné toute dignité et toute pudeur; ce n'est plus un homme. Oh! fuyons l'ivresse avec horreur! Sachons conserver notre dignité!

3. — L'homme ivre, quelle dégradation physique! Voyez-le! ses traits s'altèrent, son visage pâlit, sa physionomie perd toute expression, ses yeux sont hagards, sa langue s'empâte, ses sens le servent mal. Ses mouvements sont hésitants; il touche mal, il voit mal, il entend mal, il marche mal. Il n'a plus d'humain que le nom. Quelle honte, pour lui, pour sa famille, pour autrui!

DICTÉES.

COURS MOYEN ET SUPÉRIEUR.

1. — Pourquoi l'on boit.

Le premier verre de bière qu'on prend n'a pas meilleur

goût que le premier cigare. Les hommes boivent parce que d'autres boivent, et dès qu'on s'est habitué à boire, on ne manque naturellement jamais de raisons pour continuer. On boit quand on se revoit, on boit quand on se quitte. On boit quand on a faim, pour engourdir la faim, et quand on est rassasié, pour se donner de l'appétit. On boit quand il fait froid, pour se réchauffer, et quand il fait chaud, pour se rafraîchir. On boit quand on a sommeil, pour se tenir éveillé, et quand on a des insomnies, pour se faire dormir. On boit parce qu'on est triste; on boit parce qu'on est gai. On boit à un baptême, on boit à un enterrement; on boit, on boit.... Pourquoi ne boirait-on pas aussi pour oublier les chagrins et la misère? Or, de tous les motifs qui font boire, c'est ce dernier qui est le plus fou. On veut vaincre la pauvreté, et l'on s'habitue à des dépenses qui entravent la faculté de travailler et de gagner son pain.

(Docteur Bunge, *Extrait d'un appel aux ouvriers.*)

2. — La petite goutte du matin.

Voici un jeune homme qu'une recommandation puissante a fait entrer dans une grande administration. Il s'est marié. Il a de la famille. Sa conduite est régulière. Il donne satisfaction à ses chefs. Il évite le cabaret; mais il boit sa petite goutte chez lui, le matin et le soir.

Un jour, on relève contre lui quelques manquements sans gravité. Son attention est distraite. Sa volonté devient molle et vacillante. En même temps, son teint s'allume; son œil luit d'une lueur singulière, ou son regard se perd vaguement dans le vide. Les manquements se multiplient et s'aggravent. Les réprimandes arrivent. Un chef clairvoyant soupçonne un cas d'alcoolisme : il glisse le mot dans un rapport. L'alcoolique regimbe; il proteste de sa bonne conduite; il invoque ses antécédents irréprochables. Hélas! plus puissante que la goutte d'eau qui fait son trou dans le granit, la petite goutte d'eau-de-vie a accompli son œuvre de destruction. Qui sauvera maintenant le malheureux?

3. — La petite goutte du matin (*fin*).

L'alcoolâtre se fie à sa santé encore intacte. Quand les premiers symptômes de décadence se manifesteront, lorsque le tremblement des mains, par exemple, témoignera que la constitution est ébranlée, l'alcoolâtre cherchera, et il trouvera dans l'eau-de-vie elle-même, hélas! un réconfort momentané. Mais, le lendemain, à jeun, la main tremblera davantage, le corps sera secoué par une trépidation générale, la démarche sera incertaine et comme inquiète, la langue ne fournira plus les mots que par saccades. « A moi donc le remède suprême! A moi l'eau de feu qui réchauffe et nourrit! A moi le cordial puissant, qui raffermit cette carcasse ébranlée! »

Maintenant tout est fini : l'alcoolâtre est enfermé dans le cercle vicieux d'où il ne pourra plus sortir. D'ivrogne qu'il était, le voilà devenu délirant.... Ses enfants, si la nature révoltée ne l'en prive pas, seront délirants comme lui....

(Claude (des Vosges), *l'Alcoolisme à la frontière.*)

4. — Le delirium tremens.

L'accès de délire tremblant survient le plus souvent dans les grandes chaleurs de l'été, à l'occasion d'un excès, d'un refroidissement, d'un dérangement quelconque de la santé. Il est toujours précédé ou accompagné de rêves, de troubles des voies digestives, de dégoût des aliments, de malaise et de fièvre. Il éclate vers le soir ou dans la nuit, et se manifeste sous des formes multiples, qui varient depuis le délire jusqu'au délire le plus furieux; car, si parfois le tremblement est le symptôme principal, il faut dire qu'en général le délire domine la scène.

Tremblement des lèvres et des membres, agitation, loquacité, sourire grimaçant du visage, égarement des traits, telle est tout d'abord la physionomie habituelle du malade. Plus tard, cette physionomie change avec la nature du délire; le plus souvent la tristesse, la crainte et la frayeur sont les sentiments qui dominent.

5. — Le delirium tremens (*fin*).

La parole est embarrassée, brève, saccadée; le sommeil est nul, la peau couverte de sueur. Agité par des hallucinations diverses presque toujours terrifiantes, le malheureux patient cherche à se lever de son lit, à se jeter par les fenêtres pour éviter les fantômes qu'il aperçoit; ou bien il injurie, cherche à briser ce qui lui tombe sous la main, vocifère, crache, devient furieux au point, dans certains cas, de ressembler à un hydrophobe. Dans ces conditions, il n'y a plus ni paix ni trêve, aucune partie du corps n'est exempte d'agitation; le système nerveux ne tarde pas à s'épuiser, et la mort est la conséquence de cet épuisement.

(Docteur LANCEREAUX, *De l'alcoolisme et de ses conséquences.*)

6. — La Mort choisissant son premier ministre.

La Mort, reine du monde, assembla certain jour
Dans les enfers toute sa cour.
Elle voulait choisir un bon premier ministre
Qui rendît ses États encor plus florissants.
Pour remplir cet emploi sinistre,
Du fond du noir Tartare avancent à pas lents
La Fièvre, la Goutte et la Guerre :
C'étaient trois sujets excellents;
Tout l'enfer et toute la terre
Rendaient justice à leurs talents.

7. — La Mort choisissant son premier ministre (*fin*).

La Mort leur fit accueil. La Peste vint ensuite.
On ne pouvait nier qu'elle n'eût de mérite;
Nul n'osait lui rien disputer,
Lorsque de la Famine arriva la visite,
Et l'on ne sut alors qui devait l'emporter;

La Mort même était en balance.
Mais les Vices étant venus,
Dès ce moment la Mort n'hésita plus :
Elle choisit l'Intempérance.

(FLORIAN.)

PROBLÈMES.

COURS ÉLÉMENTAIRE.

1. — Un ouvrier dépense en semaine $2^f,45$ et le dimanche $1^f,15$ à l'auberge; quel tort annuel cet ouvrier fait-il de la sorte à sa famille?

CALCULS. — $2,45 + 1,15 = 3^f,60$; $3,60 \times 52 =$ **187^f,20**.

2. — Un ouvrier dépense par jour $0^f,45$ en eau-de-vie et tabac; le dimanche, il triple ces dépenses; que dépense-t-il ainsi inutilement en une semaine?

CALCULS. — $(0,45 \times 6) + (0,45 \times 3) =$ **4^f,05**.

PROBLÈMES.

COURS MOYEN ET SUPÉRIEUR.

1. — Un ouvrier consomme en moyenne chaque jour $0^f,10$ de tabac et $0^f,15$ d'eau-de-vie; on demande pendant combien de temps cet ouvrier pourrait se procurer la viande nécessaire à sa nourriture, à raison de 250 grammes chaque jour et à $1^f,80$ le kilogramme, avec la somme qu'il dépense en un an pour son tabac et son eau-de-vie. (Certificat d'études primaires; Var.)

CALCULS. — $(0,10 + 0,15) \times 365 = 91^f,25$; $1,80 \times 0,25 = 0^f,45$; $91,25 : 0,45 =$ **203** jours, par excès.

2. — Un ouvrier dépense tous les jours pour $0^f,15$ de tabac, et il dépense en outre $1^f,80$ chaque dimanche au café.

1° Combien dépense-t-il inutilement chaque année? 2° S'il a commencé à l'âge de 18 ans, quelle somme aurait-il économisée à l'âge de 50 ans, s'il n'avait pas fait ces dépenses? (Certificat d'études primaires; Sceaux.)

CALCULS. — (0,15 × 365) + (1,80 × 52) = **148f,35** ; 148,35 × 32 = **4747f,20.**

DEVOIRS DE RÉDACTION.

1. — En vous promenant, vous avez vu un ivrogne couché au bord de la route. Dites les réflexions que ce spectacle vous a inspirées. (Certificat d'études primaires; Hérault.)

2. — Parmi les leçons de morale qu'on vous a faites en classe, celle qui est relative à l'ivresse vous a particulièrement frappé. Faites connaître ce que vous en avez retenu. (Certificat d'études primaires; Manche.)

AUTRES DEVOIRS DE RÉDACTION.

COURS MOYEN ET SUPÉRIEUR.

3. — Quelles sont les réflexions que la vue d'un ivrogne doit vous suggérer? A quelles résolutions ce triste spectacle doit-il vous porter?

4. — Que pensez-vous de la petite goutte du matin? Vous souvenez-vous d'une histoire dans laquelle on établit le danger de cette coutume? Racontez-la.

5. — Dites ce que c'est que la gourmandise, que l'ivrognerie. Faites connaître les suites fâcheuses de la première et les conséquences terribles de la seconde.

6. — De la sobriété et de la tempérance. Montrer, par des exemples, que la pratique de ces vertus produit les résultats les plus heureux.

7. — « Qui a bu boira », dit-on souvent. N'est-il pas possible de faire mentir ce proverbe? Que faut-il pour cela?

2e LEÇON. — L'alcoolisme entraîne à violer peu à peu tous les devoirs envers les autres hommes (paresse, violence, etc.).

PLAN.

L'alcoolique ne peut plus remplir non seulement ses devoirs de famille, mais aussi ses devoirs envers la société et les autres hommes.

Sa constitution affaiblie, sa santé ruinée par l'abus des boissons le laissent sans force et sans énergie; ses habitudes d'intempérance l'ont accoutumé aux chômages, aux longues stations dans les cabarets, et au gaspillage du temps; d'où indolence naturelle qui lui rend difficile tout travail suivi, sérieux et rémunérateur; d'où habitudes de paresse qui le rendent à charge à la société. L'alcoolique compose la clientèle courante des bureaux de bienfaisance, des hospices, et de tous les établissements ou institutions qui, à des titres divers, ont pour but le soulagement des misères et des infirmités.

Ses facultés affaiblies, sa sensibilité morale émoussée le portent naturellement à des actes extrêmes et coupables envers autrui. Il jalouse la fortune acquise par une vie de labeur, d'ordre et d'économie; il se plaint de l'injustice du sort, qui a tout donné aux uns et rien aux autres; et ces sentiments, éclos dans son cerveau déséquilibré, l'engagent à user de violence pour s'approprier ce qui ne lui appartient pas, en manquant au respect qu'il doit à la vie et aux biens d'autrui. Ce sont aussi les alcooliques qui forment la clientèle courante des chambres correctionnelles et des cours d'assises. Ce sont encore eux qui grossissent le rang de ces mécontents qui prêchent et colportent les idées subversives et coupables.

Perdu de réputation, sans dignité ni physique ni morale, l'alcoolique jalouse aussi la bonne réputation de ses semblables, et il s'efforce, par ses insinuations, ses paroles malveillantes, de porter atteinte à l'honnêteté des uns, aux bonnes mœurs des autres, et à les ruiner ainsi dans l'esprit public.

L'esprit de tolérance, ce principe si fécond des sociétés modernes, n'existe pas chez l'alcoolique, qui veut que les autres pensent, croient et agissent suivant ses propres sentiments et ses propres mouvements. Son intelligence bornée, étroite, amoindrie par l'alcool, ne lui permet pas de distinguer tout ce que la tolérance a de grand, de noble pour l'homme, et il s'abaisse naturellement à se faire le critique inconscient des actes et des convictions des autres.

Combien l'alcoolisme est un grand malheur au point de vue social! Il sape la société par la base; il attaque tous les principes élevés sur lesquels elle repose. Ayons l'alcoolisme en profonde horreur.

DIRECTIONS PÉDAGOGIQUES.

Mettre sous les yeux des enfants des gravures représentant l'état de décrépitude physique et morale de l'alcoolique, qui le rend à charge à la société et mûr pour le crime et les actes indignes.

Montrer que « la répartition de la criminalité coïncide, dans l'ensemble, avec celle de la consommation alcoolique; que les départements où il y a le plus de buveurs sont aussi ceux où il y a le plus de criminels, et cela pour une double raison : parce qu'un grand nombre d'actes délictueux sont accomplis sous l'influence directe de l'ivresse, et parce que les impulsions morbides et les idées délirantes, auxquelles les alcooliques invétérés deviennent très sujets, les entraînent presque irrésistiblement à commettre des crimes. La légende du bon ivrogne, gai et sans malice, a fait son temps » (*Rapport sur les moyens de combattre l'alcoolisme*).

RÉSUMÉ.

L'alcoolique viole tous ses devoirs envers les autres hommes. Les habitudes d'intempérance lui ruinant la santé, il se déshabitue du travail, et devient à charge à la société. Il jalouse la fortune noblement acquise, il se plaint de l'injustice du sort, il frappe, il calomnie et pratique l'intolérance. Les alcooliques forment la clientèle courante des chambres correctionnelles et des cours d'assises, et grossissent le nombre des mécontents qui colportent les idées subversives et coupables.

MAXIME. — *Les alcooliques sont naturellement des paresseux, et, par leur oisiveté, deviennent bientôt des criminels.*

EXERCICE D'INTELLIGENCE.

Pourquoi l'alcoolisme conduit-il à la paresse et au gaspillage du temps? — L'alcoolique ne devient-il pas à charge à la société et aux établissements ou institutions de bienfaisance? — La sensibilité morale émoussée ne le porte-t-elle pas aux actes extrêmes et coupables envers autrui? — Montrer que l'alcoolique forme la clientèle courante des tribunaux, et qu'il grossit naturellement le rang des mécontents. — Est-ce que l'alcoolique, perdu de réputation, et à l'intelligence amoindrie par l'alcool, respecte la réputation d'autrui et met en pratique l'esprit de tolérance? — L'alcoolisme est-il un grand malheur au point de vue social?

LECTURES.

1. — Les désespérés.

De nombreux suicides se sont produits au cours de la journée d'hier (7 août 1897). Dans le quartier de Charonne, M. Durand, commissaire de police, n'a pas eu à en constater moins de trois, tous déterminés par l'alcoolisme.

C'est tout d'abord celui d'un balayeur de la Ville de Paris, Constantin B..., âgé de trente-cinq ans, qui a été trouvé pendu, vers 4 heures du matin, à un arbre, sur la zone des fortifications, non loin de la porte de Paris, par un cantonnier se rendant à son travail. Ce malheureux, qui habitait Montreuil, était parti de chez lui dans un état complet d'ébriété. Le cadavre a été transporté au domicile du défunt.

A peine M. Durand avait-il terminé ces premières constatations qu'on venait l'informer qu'en rentrant chez elle, Mme L..., demeurant rue Mourand, avait trouvé son mari, Philippe, journalier, âgé de quarante-cinq ans, râlant dans sa chambre, où il avait allumé un réchaud. Le docteur Genet, appelé aussitôt, prodigua les soins les plus empressés au désespéré, mais il ne put l'arracher à la mort. C'est dans un accès de désespoir provoqué par l'ivresse que L... a attenté à ses jours.

Un ouvrier mécanicien, Henri B..., âgé de cinquante ans, et dont sa femme avait dû se séparer à cause de son intempérance, n'avait pas été vu depuis trois jours.

M. Durand se rendit à l'adresse indiquée et trouva l'ouvrier allongé sur le parquet, baignant dans une mare de sang. La mort remontait à quarante-huit heures environ. Le malheureux avait essayé de se pendre à un crochet destiné à supporter les galeries des rideaux; mais, sous son poids, la corde s'était cassée et il était tombé sur un pot à eau qui, en se brisant, lui avait ouvert la gorge.

Dans une lettre laissée bien en vue, B... expliquait au magistrat que, las de la vie, il buvait une bonne et dernière bouteille et se donnait la mort.

(***.)

2. — Roger la Honte.

Roger était un ouvrier habile; mais il avait l'habitude de se livrer à l'alcool. Ses libations répétées lui ruinèrent la santé; son travail s'en ressentit, et bientôt son patron, fatigué de ses chômages, le renvoya.

Roger tomba dans la misère; son caractère s'aigrit, et il prit en grippe son voisin Pierre, honnête commerçant retiré des affaires, qui vivait paisiblement du fruit de ses économies.

Roger devenait particulièrement querelleur et violent, sous l'inspiration alcoolique, et il ne ménageait alors à son voisin ni les paroles insolentes et grossières, ni les menaces, lui reprochant surtout de vivre à ne rien faire et le traitant de fainéant.

Un jour, Roger, à bout de ressources, s'introduisit nuitamment chez Pierre pour le voler; il fut surpris crochetant les meubles, arrêté et livré à la justice.

Roger comparut en police correctionnelle pour bris de

clôture et tentative de vol, et il expia durement, par plusieurs années de prison, sa vie de débauche et sa fatale passion pour l'alcool.

(***.)

3. — Un ivrogne meurtrier.

Une véritable scène de sauvagerie s'est déroulée avant-hier (5 janvier 1897) dans une sorte de cité située impasse des Cailloux, à Clichy.

A cette adresse habite un ouvrier de la Compagnie de l'Ouest, P..., âgé de quarante-cinq ans, ivrogne invétéré, fort redouté dans la localité à cause de sa brutalité, dont bien des gens, y compris sa femme, ont eu fort souvent à souffrir.

P... habite une petite maison située au centre d'une sorte de cité, composée de plusieurs habitations semblables, où vivent en commun une quantité de ménages ouvriers.

Vers 10 heures du soir, après boire, les cerveaux s'étant quelque peu échauffés, une discussion s'éleva entre une quinzaine d'habitants.

On en vint bientôt aux mains, et une mêlée générale eut lieu au cours de laquelle P... eut le dessous. Furieux, l'ivrogne saisit une pièce de bois dont il fit une torche, voulant incendier la cité.

Tandis que quelques-uns l'empêchaient de mettre son projet à exécution, un de ses voisins, D..., voulut le calmer; mais n'écoutant plus rien, ivre d'alcool et de colère, P... saisit un lourd marteau et lui en asséna un formidable coup sur le crâne. D... s'affaissa ensanglanté, le crâne ouvert.

Ce fut le signal d'une bagarre épouvantable. Tous se ruèrent sur P..., le piétinèrent et le rouèrent de coups. Le forcené ne dut son salut qu'à l'arrivée des gardiens de la paix, attirés par les cris que poussaient les femmes et par le bruit de la lutte.

Tout meurtri, l'ivrogne fut conduit au commissariat voisin et envoyé au Dépôt, après avoir été pansé.

D..., dont l'état est des plus graves, a été transporté à son domicile.

(***.)

DICTÉES.

COURS ÉLÉMENTAIRE.

1. — L'homme ivre, quelle dégradation morale! Ses paroles sont désordonnées, ses jugements manquent de justesse, ses idées s'effacent et disparaissent, son intelligence s'anéantit. Il perd toute perception des objets et des choses, et tombe moralement au-dessous de la brute. Un sommeil de plomb l'accable; l'abus de l'alcool le plonge dans un état complet d'insensibilité. La brute sent et comprend, l'ivrogne est insensible à tout.

2. — L'homme ivre, quelle dégradation morale! Il a laissé la raison au fond de son verre. Voyez-le, colère et emporté. Il a l'injure à la bouche, il gesticule, il lève le bras pour frapper. Un délire furieux l'agite. Il grince des dents, il essaye de mordre, il imprime ses ongles partout. Il peut tuer. Oh! laissez l'ivrogne, fuyez-le comme on fuit un insensé : il ne sait plus ni ce qu'il dit, ni ce qu'il fait.

3. — Malheur à l'ivrogne, qui perd ses forces! L'alcool pénètre ses muscles et ses organes, et produit leur affaiblissement. L'estomac fonctionne mal, le cerveau se congestionne, les poumons s'altèrent, le foie et les reins ne donnent plus que des sécrétions incomplètes, le cœur lui-même est atteint. Des maladies terribles guettent l'ivrogne, le rendent inhabile au travail, et le conduisent promptement au tombeau. L'ivrogne, par son intempérance, se creuse lui-même sa tombe.

4. — Malheur à l'ivrogne, qui perd son travail! Les abeilles que l'on met au régime du miel alcoolisé prennent vite goût à cette nourriture; mais elles perdent bien vite aussi l'instinct du travail et deviennent paresseuses. L'ivrogne s'alourdit de même pour le travail, et bientôt les jours de chômage se multiplient. Les portes de l'atelier lui sont fermées, et la misère et les privations sont la suite de sa paresse alcoolique. Fuyons l'alcool : il fait si bon travailler ici-bas!

DICTÉES.

COURS MOYEN ET SUPÉRIEUR.

1. — La taverne.

Entendez-vous les cris discordants, les rires grossiers, le tintement des verres? c'est la taverne qui élève sa voix, le roi des buveurs appelle à lui son peuple.

Le voilà, portant encore le tablier de travail, qui n'est plus qu'une décoration menteuse; les traits enluminés par l'ivresse, les yeux flottants, la lèvre épaissie, il enveloppe le verre d'une main avide et porte à tous son toast brutal.

« Buvons à l'insouciance, amis! c'est le vin qui la donne. Grâce à lui, plus de prévisions, ni d'inquiétude! chaque goutte du sang de la vigne efface de notre mémoire un lendemain.

« Buvons à la gaieté! elle pétille dans la mousse de nos verres; elle coule jusqu'à notre cœur comme un rayon de soleil.

« Buvons à la liberté! Que nous importent ici la tristesse de la famille, les colères des maîtres? L'ivresse est une mer que ni colères, ni tristesses ne peuvent franchir.

« Buvons à l'oubli de toute chose et de nous-mêmes! On voudrait faire de la vie une tâche, nous en avons fait une extase entrecoupée de rêves. »

2. — La taverne (*fin*).

Il dit, et tous applaudissent; mais, tandis que ces applaudissements font retentir la taverne, bien loin de là, dans les greniers froids et désolés, un chœur d'enfants pâlis et de femmes brisées leur répond sourdement :

« Buvez à la misère, ô pères! car c'est le vin qui nous la donne. Grâce à lui, plus de pain ni de flamme au foyer; chaque goutte du sang de la vigne se paye d'une goutte de notre vie.

« Buvez à l'égoïsme! il coule avec la joie dans vos verres; il descend jusqu'à vos cœurs comme un poison.

« Buvez à la honte! que vous importe le mépris des autres, le dégoût de vous-mêmes? qui s'est assis dans la boue ne craint plus de se salir. »

(*Magasin pittoresque.*)

3. — Le roi de Suède Charles XII.

Un jour qu'il revenait de la chasse et qu'il avait bu copieusement à son déjeuner, il se présenta au dîner de la reine tout crotté et couvert du sang des animaux qu'il avait tués. La reine lui fit quelques reproches amers. Le prince ne voulut pas en entendre plus long; il se retira avec précipitation, et l'éperon de sa botte se trouvant, soit exprès, soit par mégarde, attaché à la nappe, il renversa tous les plats sur la reine.

Le lendemain, à l'heure du dîner, la reine lui renouvela ses réprimandes, en lui reprochant surtout de se livrer au vin.

Charles XII se leva, courut au buffet, se remplit de vin un grand verre et le but à la santé de la reine; il ajouta que, puisque cette liqueur l'avait fait manquer au respect qu'il lui devait, c'était pour la dernière fois de sa vie qu'il en buvait : et il tint parole.

(VOLTAIRE.)

4. — L'ivresse.

Le démon se présenta un jour à un homme sous un aspect des plus terribles :

« Tu vas mourir, lui dit-il, mais je vais te faire grâce sous l'une des trois conditions suivantes : ou tu tueras ton père, ou tu frapperas ta sœur, ou tu boiras du vin.

— Que faire? pensa cet homme. Tuer celui qui m'a donné le jour, non. Maltraiter ma sœur, c'est lâche. Je ne veux cependant pas mourir : je boirai du vin. »

Il but du vin et s'enivra; et, dans un excès de boisson, il maltraita sa sœur et tua son père.

(*Légende arabe.*)

5. — L'alcoolisme conduit à l'incapacité de travail.

Arrivé à la période des accidents de l'intoxication chronique, le buveur ne peut plus disposer de la force musculaire qu'il avait antérieurement, ni donner la même quantité de travail, c'est là un point important à connaître pour les chefs d'ateliers. Il serait facile de prouver par des statistiques que la somme de travail accomplie par des ouvriers adonnés aux liqueurs fortes est infiniment moindre que celle que peut produire le même nombre d'ouvriers bien nourris. En outre, au bout d'un certain temps, les ouvriers intempérants deviennent paresseux et incapables de travailler; on en voit qui, dès l'âge de 45 ou 50 ans, n'ont plus ni énergie physique ni énergie morale, et que le moindre exercice musculaire essouffle, fatigue et arrête.

(Docteur Lancereaux, *De l'alcoolisme et de ses conséquences.*)

6. — Quelques pénalités contre l'ivrognerie.

De tous temps, les législateurs ont essayé de restreindre les progrès de l'ivrognerie, en édictant contre elle des peines pécuniaires ou corporelles plus ou moins rigoureuses.

« Chez les anciens Mexicains, l'ivrognerie était considérée comme un crime, et des lois fort sévères la réprimaient. Chez le plébéien, l'ivresse entraînait d'abord la perte de la liberté, l'esclavage, et, en cas de récidive, la mort. Par une singularité aussi louable que rare dans les codes primitifs, les lois répressives de l'ivresse frappaient plus durement le noble que le plébéien : le jeune noble coupable d'ivrognerie était étranglé. Pour les nobles d'âge mûr, on était plus indulgent; ils perdaient seulement leur rang et leurs biens. » (Ch. Letourneau.)

7. — Quelques pénalités contre l'ivrognerie (*fin*).

Les lois de Dracon à Athènes, de Lycurgue à Sparte considéraient l'ivresse comme une circonstance aggravante et la punissaient de mort en certains cas. A Rome, boire du vin était un crime capital pour les femmes. Soliman Ier faisait couler du plomb fondu dans la bouche des ivrognes. Dans l'ancienne monarchie française, des ordonnances royales ont, à plusieurs reprises, ordonné des peines fort rigoureuses contre les excès de boisson. Charlemagne défend de provoquer à boire et à trinquer. François Ier fait édicter contre les buveurs toute une progression de pénalités : le pain et l'eau, la flagellation dans la prison ou en public, l'ablation des oreilles, le bannissement.

(P. Sérieux et E. Mathieu, *l'Alcool*[1].)

PROBLÈMES.

COURS ÉLÉMENTAIRE.

1. — Des statistiques sérieuses établissent que le quart des décès proviennent des excès alcooliques; si, dans une ville de France, on compte 816 décès dans une année, on demande d'évaluer le nombre des victimes qu'y fait l'alcoolisme pendant ce temps.

Calculs. — 816 : 4 = **204.**

2. — Un ouvrier gagne 4f,25 par jour; il a la malheureuse habitude de faire le lundi, et dépense ce jour-là à l'auberge 1f,35 en moyenne. Dire combien lui coûte annuellement son chômage du lundi.

Calculs. — (4,25 + 1,35) × 52 = **291f,20.**

PROBLÈMES.

COURS MOYEN ET SUPÉRIEUR.

1. — Trois ouvriers ayant le même âge travaillent dans un atelier; le premier s'adonne à l'alcool depuis 15 ans, le deuxième depuis 12 ans, le troisième depuis 9 ans. Le gain journalier du troisième dépasse du quart celui du second et du tiers celui du premier. Sachant que les trois ouvriers gagnent ensemble, en 10 jours de travail, 204 francs, on demande le gain journalier de chacun.

---

1. Félix Alcan, éditeur.

SOLUTION. — Si l'on représente par 1 le gain du troisième ouvrier, celui du deuxième sera représenté par 4/5 et celui du premier par 3/4, ou par 20/20, 16/20, 15/20, ou par 20 francs, 16 francs, 15 francs. Le troisième gagne donc les 20/51 de 204 francs, le deuxième les 16/51, le troisième les 15/51; soit 80 francs, 64 francs, 60 francs, ce qui donne, pour gain journalier du troisième, **8** francs; du deuxième, **6f,40**; du premier, **6** francs.

2. — Trois ouvriers travaillent 10 heures par jour et sont payés 0f,45 l'heure. Le premier n'a pas perdu de temps; mais le second a perdu en moyenne 2 heures tous les deux jours, et le troisième, 3 heures tous les quatre jours. On leur règle leur compte pour 16 jours de travail. Combien revient-il à chacun de ces ouvriers?

SOLUTION. — Le premier ouvrier a travaillé 160 heures; le deuxième, 144 heures; le troisième, 148 heures. Gain de chacun: 0,45 × 160 = **72** francs; 0,45 × 144 = **64f,80**; 0,45 × 148 = **66f,60.**

3. — D'après une statistique suisse, de date récente, sur 3142 crimes contre les personnes, 968 ont l'alcoolisme pour cause immédiate. Évaluer à combien pour 100 s'élève la criminalité imputée à l'alcoolisme.

CALCULS. — (968 × 100) : 3142 = **31 pour 100**, par excès.

DEVOIRS DE RÉDACTION.

1. — Faites connaître, au moyen d'exemples, les dangers de l'alcoolisme au point de vue social.

2. — Vous avez vu un ivrogne, attablé, insulter plusieurs personnes qui ne pensaient pas comme lui (vous imaginerez sur quoi). Quelles réflexions ce spectacle vous a-t-il suggérées?

AUTRES DEVOIRS DE RÉDACTION.

COURS MOYEN ET SUPÉRIEUR.

3. — Faites connaître dans quelles circonstances le roi de Suède Charles XII renonça à faire usage du vin.

4. — Quelle différence faites-vous entre l'ivrognerie et l'alcoolisme? L'ivrognerie n'est-elle pas, elle aussi, bien dangereuse ? Où conduit-elle ?

5. — Faites connaître les sensations diverses éprouvées par l'ivrogne. Montrez, en terminant, à quel degré d'avilissement il tombe. Réflexions.

6. — Que pensez-vous de ce proverbe bien connu : « Le bon vin réjouit le cœur de l'homme » ? Montrez beaucoup d'ivrognes querelleurs, emportés, menaçants. Racontez une scène de sauvagerie entre ivrognes.

7. — Un ivrogne a parlé inconsidérément, en attaquant la réputation d'une honnête famille. Vous direz dans quelles circonstances. Le lendemain, le chef de famille va trouver l'ivrogne, qui ne se souvient de rien, et lui reproche sa misérable conduite. L'ivrogne est mis dans l'obligation de rétracter en public ses paroles. Vous raconterez tout cela dans une lettre à l'un de vos amis, en y ajoutant quelques sobres réflexions.

3e LEÇON. — L'alcoolisme détruit peu à peu les sentiments de bonté et de fraternité, en détruisant le ressort de la volonté et de la responsabilité personnelle.

PLAN.

L'alcool engourdit les facultés et tue l'énergie morale. L'alcoolique, affaissé, vieilli avant l'âge, manque du ressort de la volonté. Il ne sait vouloir que pour boire et pour s'abrutir : ses désirs ne vont pas plus loin. Il a perdu cette volonté ferme si nécessaire pour accomplir notre destinée sur terre; il a perdu cette volonté intelligente et active qui place l'homme au premier rang de la création, et qui crée le progrès sous toutes ses formes. Être inutile, nuisible même par ses excès, ses mauvais exemples et son inutilité, encombrant, dirais-je presque, il est le jouet de sa passion dominante et l'esclave de ses mauvais penchants.

Ses conceptions bornées et étroites, ses idées fixes et erronées ne lui laissent qu'une responsabilité tout à fait restreinte, dans des actes qu'il exécute d'une façon presque inconsciente, et sans se rendre un compte bien précis des conséquences qui peuvent en résulter; de là ces paroles inconsidérées, ce verbiage sans suite dans lesquels l'alcoolique blesse sans le savoir et froisse les opinions et les convictions les plus respectables. Mais là où l'alcoolique demeure absolument irresponsable, c'est quand il agit dans un accès d'alcoolisme aigu : ses actions ne sont plus alors du ressort de la cour d'assises, mais de la faculté de médecine; elles sont la manifestation d'une sorte de folie qui rend le contact de l'alcoolique très dangereux, et qui doit engager à le fuir, à l'éviter.

Il perd dès lors toute notion non seulement de ses devoirs personnels et sociaux, mais encore de ces sentiments délicats et élevés de bonté, de gratitude, de douceur, d'affection, d'indulgence, d'humanité, de charité et de fraternité, qu'il est si doux de remplir, et qui embellissent et éclairent la vie, parfois si sombre et si morose. Ne demandez pas à un alcoolique un acte de bienveillance ou de bonté, son cœur est fermé à tout jamais à ces sentiments. La passion de l'alcool a jeté un bandeau fatal sur son intelligence; la passion de l'alcool l'absorbe tout entier; elle a développé en lui un égoïsme féroce qui le laisse indifférent aux souffrances et aux intérêts les plus sacrés du prochain : boire, encore boire, voilà sa préoccupation exclusive.

Pauvre alcoolique! qui ne peut plus même faire le bien et rendre service.

DIRECTIONS PÉDAGOGIQUES.

Montrer une gravure représentant deux ivrognes, dont l'un se laisse entraîner par l'autre à l'estaminet, et reste sans force morale et sans volonté devant la passion.

RÉSUMÉ.

L'alcoolique manque d'énergie morale; il n'a plus de volonté et ne peut plus remplir sa destinée; être inutile, il est le jouet de ses passions grossières et l'esclave de ses mauvais penchants.

Il perd la responsabilité de ses actes inconscients. Il devient insensible aux sentiments élevés et délicats de bonté, de gratitude, d'affection, d'indulgence, d'humanité, de bienveillance, de charité et de fraternité. Sa passion a développé en lui un

égoïsme qui le laisse indifférent aux souffrances et aux misères du prochain.

MAXIMES. — ***Arrière l'alcool, qui rend insensible aux souffrances des autres et qui détruit la volonté!***

L'alcoolisme est un esclavage d'un nouveau genre.

EXERCICE D'INTELLIGENCE.

Quel est l'effet de l'alcool, au point de vue de l'énergie morale de l'individu? — Montrez l'alcoolique sans force et sans volonté devant sa passion dominante, qui l'empêche de remplir sa destinée. — L'alcoolique est-il responsable de ses actes? — Pourquoi? — Parlez de son insensibilité pour les souffrances d'autrui. — Pourquoi cette insensibilité?

LECTURE.

1. — Pierre l'inhumain.

Le fermier Pierre aime trop à s'amuser. On le rencontre souvent attablé au cabaret du village, au lieu de surveiller son personnel et sa ferme. Les remontrances de sa pauvre femme n'ont pu modifier sa conduite. Pierre court certainement à sa ruine.

Il ne manque jamais, le samedi, le marché de la ville voisine, et, ce jour-là, il rentre toujours dans un état d'ivresse prononcé.

Il y a environ un mois, Pierre s'attarda plus longtemps encore que de coutume dans un estaminet de la ville, et il en sortit affaissé par l'abus des boissons. Monté dans sa carriole, il fouetta vivement son cheval, croyant rattraper en partie le temps qu'il avait follement gaspillé.

A 500 mètres environ d'un hameau qu'il allait traverser,

un pauvre vieillard, fatigué et malade, se traînait péniblement sur les genoux, dans l'un des fossés de la route. A l'arrivée de la voiture, qui justement ralentissait sa marche, le pauvre homme reprit courage, et, espérant un prompt secours, joignit ses mains tremblantes et supplia Pierre de vouloir bien le hisser dans sa voiture jusqu'au hameau, dont on apercevait les premières habitations.

Pierre regarda le vieillard de son œil sans expression d'alcoolique, et, sans écouter les supplications de l'inconnu, fouetta son cheval, qui reprit son allure désordonnée.

Cependant Pierre, arrivé au hameau, s'empressa d'arrêter sa voiture et d'entrer à l'auberge, où il resta une grande heure, laissant son cheval s'impatienter et piaffer dans la cour.

Au moment de reprendre sa course, il fit connaître la rencontre faite sur la route et le refus opposé à la demande de l'inconnu; il prononça même à l'égard de ce dernier des paroles dures mettant à nu sa sécheresse de cœur.

Pierre parti, on courut au secours du vieillard, mais trop tard : il venait de succomber à la fatigue et à la faim. Pierre seul ne comprit pas l'odieux de sa conduite : ses excès de boissons avaient détruit en lui toute sensibilité morale et toute idée de charité et de fraternité.

(***.)

DICTÉES.

COURS ÉLÉMENTAIRE.

1. — Malheur à l'ivrogne, qui perd sa famille! Pendant qu'il dépense facilement son argent au cabaret, la tristesse, l'ennui, les chagrins et la misère s'installent à la maison. La huche est sans pain; le foyer est sans feu; les enfants, mal vêtus, grelottent. Les dettes s'accumulent, les fournisseurs deviennent impitoyables. Les caractères s'aigrissent, les reproches arrivent; les querelles, les luttes sanglantes, et parfois les morts violentes s'ensuivent. Quel enfer que cet intérieur! Fuyons l'alcool : elle est si douce et si agréable la vie de famille de l'homme travailleur et tempérant!

2. — Quelle dureté de cœur que celle de l'alcoolique! Il demeure insensible aux misères d'autrui. Les adversités

de la vie qui nous frappent parfois si durement dans nos intérêts, dans notre santé et dans nos affections les plus chères, n'ont pas le don de l'émouvoir. Il reste froid à côté de la douleur la plus vive, la plus cruelle, sans essayer une parole de consolation ou une marque quelconque de compassion. L'alcool lui a donné un cœur de roche.

3. — Voyez-le sans ressort moral et sans responsabilité personnelle! Il va où le pousse l'instinct du moment; il agit sans savoir ce qu'il fait. Il demeure le jouet de ses passions grossières, et il se trouve porté aux actes les plus répréhensibles, sans qu'il ait conscience de ses mouvements. L'alcool lui a mis un bandeau sur l'intelligence, qui ne lui permet plus ni de se rendre compte de ses actions ni de les diriger sûrement. Pauvre et misérable alcoolique, va dans nos hôpitaux pour essayer de te guérir, s'il en est temps encore!

DICTÉES.

COURS MOYEN ET SUPÉRIEUR.

1. — La déchéance par l'alcool.

Ce qui distingue surtout l'homme de la bête, c'est qu'il a le sentiment de sa liberté d'action pour le bien comme pour le mal, et, par conséquent, le sentiment de sa responsabilité. Le jour où l'homme perd ce double sentiment, il déchoit et tombe au rang de la brute.

Lorsque cette déchéance est le fait de la maladie, elle est pour l'homme un malheur; mais elle devient une honte lorsqu'il la provoque lui-même par l'abus des boissons enivrantes; car il se dépouille volontairement du plus noble de ses attributs, de celui qui fait, avant tout, sa supériorité, la *conscience morale*.

2. — La déchéance par l'alcool (*suite*).

Assurément ce n'est pas à cette déchéance que tend

l'homme qui use des boissons fermentées; ce qu'il cherche d'abord dans leur usage, c'est un plaisir passager et une réparation momentanée de ses forces.

Dans de pareilles limites, cet usage n'a rien que l'hygiène réprouve; il est même juste de reconnaître que, s'il n'est pas indispensable à la santé, il n'est pas non plus sans utilité. Mais, si modéré qu'il soit, il offre cependant un danger. Car il n'est pas besoin d'arriver jusqu'à l'abus des boissons fermentées pour constater que, sous l'influence de l'alcool qu'elles renferment *toutes*, le cerveau subit un certain degré d'excitation qui donne à l'esprit plus de vivacité et une disposition à voir toutes choses par le meilleur côté.

3. — La déchéance par l'alcool (*fin*).

Il ne faut donc pas s'étonner si l'homme, une fois qu'il a connu cette sensation, la recherche de nouveau. Or, là est précisément le péril; car cette légère excitation cérébrale, peu dangereuse en soi, n'est, après tout, que le premier degré de l'ivresse, et ce premier degré franchi, l'homme, entraîné par une pente insensible, passe vite de l'excès isolé aux habitudes d'ivresse, pour tomber rapidement dans toutes les misères physiques et morales qu'engendre l'ivrognerie, et, dès lors, il est perdu.

(Académie.)

4. — Le droit au suicide.

L'État peut-il, doit-il laisser continuer cette œuvre de destruction sociale dont il paye d'ailleurs les frais, car elle remplit les bagnes et les maisons d'aliénés qu'il est obligé d'entretenir?

Il paraît que la Révolution française a proclamé le droit au suicide et qu'il ne faut pas déranger celui qui a choisi l'alcool pour atteindre ce but. Mais il s'agit précisément de savoir si l'ivrogne a l'intention de se tuer comme le désespéré qui se jette à l'eau, ou simplement de se griser. Puis le droit au suicide comprend-il le droit de suicider les autres, qui est la véritable formule de l'état de choses actuel?

Presque tout le monde admet aujourd'hui le droit, ou plutôt le devoir de l'État d'intervenir pour protéger la vie humaine et l'avenir de la race contre l'empoisonnement des alcools non rectifiés.

(Em. Alglave, *le Monopole de l'alcool*, document législatif.)

5. — Un des ennemis de l'intelligence.

Un ennemi terrible, c'est l'alcool. On n'en est plus à compter les crimes qu'il a provoqués. Avec quelle facilité aimable il s'insinue chez nous! C'est goutte à goutte qu'il s'infiltre dans notre organisme. Eau-de-vie en France, whisky en Angleterre, brandy en Amérique, tafia aux Indes, vodki en Russie, l'alcool nous guette. Il prétend nous faire oublier les cruautés de la vie, et il nous jette dans une mélancolie morne. Il ne nous excite que pour mieux nous abrutir. Il déprave l'intelligence et il ruine le corps. Il fait chaque année dans le monde civilisé plus de deux millions de victimes, sans compter celles que renferment les asiles d'aliénés et les maisons de santé.

6. — Suicide à l'alcool.

Un infirmier de l'hôpital Saint-Antoine, âgé de quarante ans, souffrait depuis quelque temps d'une maladie constitutionnelle. Néanmoins il continuait son service et rien ne faisait supposer qu'il nourrissait de funestes projets, lorsque, décidé d'en finir avec la vie, le malheureux a absorbé, dans son domicile, un litre d'alcool à 40 degrés.

Quand la femme du désespéré, qui est également infirmière à l'hôpital Saint-Antoine, est rentrée vers minuit, elle a trouvé son mari gisant sans connaissance sur le parquet.

Les soins énergiques prodigués à l'infortuné ont été impuissants à le rappeler à la vie. L'alcool l'avait en quelque sorte foudroyé. (***.)

7. — Ce qu'il faut faire pour combattre l'alcoolisme.

Ce qu'il faut faire, c'est d'instruire par la parole, par la plume, ceux que l'un de nous appelle si justement les insouciants qui s'alcoolisent sans le savoir. Il faut répandre partout cette vérité : que l'alcool est un poison, et que celui qui cède à son pernicieux attrait perd ses forces, son intelligence, sa santé; qu'il ne porte pas seulement atteinte à lui-même, mais qu'il compromet le bien-être de sa famille, l'existence de ses enfants en leur léguant, par la plus implacable hérédité, des tares qui arrêtent leur développement, ou qui les tuent. Et cette mortalité infantile qui arrête l'expansion de la race, qui peut diminuer le chiffre de la population, elle est le résultat d'un crime de lèse-patrie que nous devons flétrir avec indignation.

8. — Ce qu'il faut faire pour combattre l'alcoolisme (*fin*).

Vous savez, Messieurs, qui nous sommes : des amis vous tendant une main loyale. Soyez avec nous en phalange serrée, ensemble faisant tête au danger. Que votre propagande seconde la nôtre. Allez dire autour de vous, dans l'atelier, dans l'usine, partout où l'on travaille, ce mot si profond et si juste de Jules Simon : « Un vice coûte plus cher à entretenir qu'une famille. » Soyez l'exemple. Vous finirez bien un jour par convaincre ceux qui vous verront solides et robustes, résistant aux rudes fatigues de votre tâche journalière; et s'ils vous demandent votre secret, vous leur répéterez les deux mots qui sont notre devise : « Sobriété, tempérance. »

(Extrait du discours prononcé par M. Motier, dans la séance solennelle du 28 mars 1897 de la *Ligue nationale contre l'alcoolisme*.)

9. — Employons toutes les ressources à notre disposition pour combattre l'alcoolisme.

Il y a, dans la question de tempérance, un élément supérieur. Il ne suffit pas de proscrire les poisons tels que l'absinthe; de combattre l'abus des liqueurs perfides, telles que l'eau-de-vie; il faut encore, il faut surtout réveiller chez l'homme le sentiment de la responsabilité morale, le respect de lui-même, l'amour de la famille, l'idée de la patrie et la crainte de Dieu. L'ivresse de nos pères mettait ces grandes pensées dans un oubli passager, l'alcoolisme moderne les éteint sans retour.

Faisons donc appel à la fois à la science, aux lois, aux mœurs et à la religion; car l'ennemi que nous avons à combattre ne sera pas facilement vaincu : il a pour complices tous les mauvais sentiments de l'humanité, tous ses penchants funestes.

Au nom de la famille, de la patrie et de la religion, faisons donc appel aux lumières de la science, aux dévouements de la charité, pour éloigner de notre patrie bien-aimée des misères morales qui pourraient amener sa ruine.

(Extrait du discours prononcé, le 21 mars 1875, par M. Dumas, dans la séance solennelle de la *Ligue nationale contre l'alcoolisme.*)

PROBLÈMES.

COURS ÉLÉMENTAIRE.

1. — On sait que les personnes s'adonnant à la boisson sont faibles de caractère, et qu'elles sont, en général, prédisposées au suicide. Dans un centre important, il s'est produit, dans une période décennale, 240 suicides, dont les 2/3 sont dus à l'alcoolisme. Évaluer le nombre des suicides alcooliques, dans la période décennale, dans un an.

Calculs. — (240 × 2) : 3 = **160**; 160 : 10 = **16**.

2. — Sur 50 cas d'actes criminels qui viennent d'être relevés, 12 sont imputables à l'alcoolisme. Établir, sur ces données, combien pour 100 d'actes criminels peuvent être attribués aux abus de boisson.

Calculs. — 12 × 2 = **24**.

PROBLÈMES.

COURS MOYEN ET SUPÉRIE .

1. — Un ouvrier qui a la passion des mauvaises habitudes, et qui ne fait rien pour s'en corriger, fume en moyenne un paquet de tabac d'un hectogramme tous les

4 jours, et dépense à l'estaminet, les dimanches, 0f,85 en moyenne. Le tabac valant 5 francs le demi-kilogramme, on demande combien cet ouvrier dépense inutilement par an. S'il économisait cette somme, combien de jours de nourriture lui donnerait-elle, à raison de 1f,75 par jour? (Certificat d'études primaires; Somme.)

Calculs. — (0,1 × 365) : 4 = 9kg,125; 10 × 9,125 = 91f,25; 0,85 × 52 = 44f,20; 91,25 + 44, 0 = **135f,45**; 135,45 : 1,75 = **77** jours, par défaut.

2. — Un manouvrier alcoolique et sans volonté a la mauvaise habitude de boire chaque matin pour 0f,10 d'eau-de-vie. Chaque semaine il fait le lundi et dépense inutilement 0f,80 dans des libations funestes à sa santé. Le lendemain mardi, il a la tête lourde et ne commence son travail qu'à midi. Il est vrai qu'en revanche il travaille toute la journée du dimanche. Sachant que la journée pleine est payée 3 francs à ce manouvrier, on demande le déficit annuel que la passion de l'alcool lui occasionne; on demande, en outre, combien il aurait de plus à la fin de l'année, s'il avait l'habitude de se reposer le dimanche, de ne pas tuer le ver chaque jour, et de ne pas faire le lundi.

Solution. — Perte par semaine : [(0,10 × 7) + 0,80 + 3 + 1,50] — 3 = 3 francs. Perte annuelle : 3 × 52 = **156** francs. Dans le second cas, il ne dépenserait pas 0,70 + 0,80 + 1,50 = 3 francs par semaine; soit par an 3 × 52 = 156 francs. Il aurait donc en plus 156 francs, qu'il économiserait d'une part, et 156 francs qu'il ne dépenserait plus, soit **312** francs.

3. — Une personne imprévoyante perd chaque semaine 1 journée 1/2 à l'auberge, et y dépense pendant ce temps 2f,10. Si la journée est évaluée à 3f,50, on demande combien cette personne dépense ainsi par an au café, et combien, avec cet argent, elle pourrait acquérir d'ares de terrain valant 21 francs l'are.

Calculs. — (3,50 × 1,50) + 2,10 = 7f,35; 7,35 × 52 = 382f,20; 382,20 : 21 = **18a,20.**

4. — Une fabrique emploie 150 ouvriers, dont 1/3 font le lundi chaque semaine, et les deux autres tiers le lundi par quinzaine. La journée des premiers ouvriers étant de 3f,25, et celle des seconds de 3f,75, on demande la perte annuelle qui résulte, dans cette fabrique, du chômage volontaire des ouvriers.

SOLUTION. — Les 50 premiers ouvriers perdent 52 × 50 = 2600 journées; les 100 autres ouvriers, (365 : 15) × 100 = 2433 journées; la perte annuelle est donc de (3,25 × 2600) + (3,75 × 2433) = **17 573f,75.**

DEVOIRS DE RÉDACTION.

1. — Connaissez-vous quelques traits qui prouvent que l'alcoolique est dépourvu de volonté et qu'il manque d'humanité à l'égard du prochain?

2. — Établissez un dialogue entre deux ivrognes, dont l'un cherche à entraîner l'autre à l'estaminet. Le second résiste et présente quelques objections, mais il finit par céder. Faites-les causer.

AUTRES DEVOIRS DE RÉDACTION.

COURS MOYEN ET SUPÉRIEUR.

3. — Des troubles intellectuels et moraux que peut produire l'abus des boissons. Montrez les conséquences de l'alcoolisme au point de vue social.

4. — Faites comprendre, par des exemples, que l'alcoolisme conduit à la perte des bons sentiments et à l'oubli de ses devoirs de justice et de charité.

5. — Vous supposerez que vous avez assisté à une audience de police correctionnelle, durant laquelle ont comparu quelques personnes accusées de délits ayant pour cause l'abus des boissons alcooliques. Vous ferez connaître les accusations dirigées contre ces personnes. Réflexions.

6. — Inventez une histoire dans laquelle vous établirez que les bonnes maisons tombent vite par suite de l'alcoolisme des patrons.

II. — SCIENCES PHYSIQUES ET NATURELLES. — LES BOISSONS.

4e LEÇON. — L'eau. — Les boissons aromatiques : café, thé, etc.

PLAN.

Bien établir que l'eau constitue la boisson la plus saine, la plus naturelle, et qu'elle répond, comme boisson, à la constitution même du corps humain.

Les animaux ne boivent que de l'eau : en sont-ils plus faibles et moins soumis à des travaux pénibles ? En remplissent-ils moins les services que nous réclamons de leur force musculaire?

De l'eau! il en faut à notre corps, dont près des quatre cinquièmes sont formés de cet élément. Il lui en faut pour délayer les parties solides de notre alimentation; pour réparer les pertes résultant de l'évaporation qui se fait dans nos tissus; pour assurer le fonctionnement des organes sécréteurs; pour aider au transport des particules nutritives du sang : rôle souvent mécanique, mais rôle immense dans la machine humaine, dont le mouvement régulier est intimement lié à l'action de l'eau. Il faut à notre organisme un minimum d'un litre et demi d'eau pour réparer ses pertes aqueuses journalières.

Ne pas avoir peur de s'affaiblir en buvant de l'eau : les boissons fermentées ne nourrissent pas; leur action est simplement stimulante. Les personnes (et elles sont plus nombreuses qu'on ne le pense) qui ne boivent que de l'eau ne s'en portent que mieux : on en cite quelques-unes qui, grâce à leur sobriété, sont devenues centenaires.

Il va sans dire que l'eau recommandée comme boisson doit être *potable*, *aérée*, et *filtrée*, s'il y a lieu, voire même *bouillie* en temps d'épidémie.

L'usage du thé et du café est excellent. Ces boissons, stimulantes et toniques, facilitent la digestion. Leurs infusions légères sont rafraîchissantes pendant les travaux agricoles de l'été, et remplacent avantageusement les boissons fermentées et distillées : économie et santé. Elles ont encore l'avantage de pouvoir utiliser sans danger les eaux impures des rivières et des étangs, en y mêlant environ un sixième de café ou de thé concentré : avantage considérable pour les ouvriers agricoles pendant les chaudes journées de l'été.

Il va sans dire que le café recommandé n'est pas un café à la mode de Normandie et de Picardie, où les tasses et les soucoupes débordent d'eau-de-vie. Nous entendons thé et café pris sans addition d'alcool.

DIRECTIONS PÉDAGOGIQUES.

Parler des sociétés de tempérance et d'abstinence qui existent de place en place, et donner connaissance de quelques articles de leurs statuts.

Examiner avec la loupe de l'école de l'eau contaminée et puante des mares ou des fossés, et faire remarquer aux enfants les nombreux microbes qu'elle contient. Passer cette eau au filtre que toute école peut posséder sans frais (petit baril, sable et charbon), puis l'examiner et la sentir à nouveau quand elle sort du filtre. L'eau, de nuisible qu'elle était, est devenue potable.

Faire connaître les pays de production du café et du thé, et parler de la récolte et des préparations de ces denrées.

Montrer aux enfants divers thés : noir et vert; leur faire connaître que le thé vert est plus actif que le noir et qu'on réserve le premier en général pour la pharmacie. Leur montrer encore des gravures représentant le caféier et l'arbre à thé.

Parler du *maté*, comme boisson excitante (voir les deux dictées de la présente leçon, pages 46 et 47). Dire quelques mots des *orangeades* et *citronnades*, que tout le monde connaît, boissons rafraîchissantes à bon marché, qui désaltèrent bien, et qui remplacent avantageusement les boissons alcooliques pour calmer la soif.

RÉSUMÉ.

L'eau est la boisson la plus saine et la plus naturelle pour l'homme. Elle entre dans nos tissus pour près de quatre cinquièmes. Elle est indispensable au bon fonctionnement de la machine humaine.

On ne s'affaiblit pas en buvant de l'eau. Les buveurs d'eau ne s'en portent que mieux. Il faut à

notre organisme un minimum d'un litre et demi d'eau pour réparer ses pertes aqueuses journalières.

L'eau recommandée comme boisson doit être *potable, aérée, filtrée,* s'il y a lieu, et toujours *bouillie,* en temps d'épidémie.

L'usage du café et du thé est excellent. Ils composent des boissons toniques qui facilitent la digestion, et permettent d'utiliser sans danger l'eau impure des étangs et des rivières, en y mêlant environ un sixième de fort café. Les ouvriers agricoles, pendant les chaudes journées de l'été, doivent préférer les infusions légères de café ou de thé aux boissons fermentées et distillées.

MAXIME. — ***Quand on a soif, on a soif d'eau fraîche, qui désaltère mieux que toute boisson alcoolique.***

EXERCICES D'INTELLIGENCE.

1. — Quelle est la boisson la plus saine et la plus naturelle pour l'homme? — Les animaux domestiques sont-ils affaiblis par l'usage de l'eau comme boisson? — Quelle partie d'eau entre-t-il dans nos tissus? — Quel rôle l'eau joue-t-elle dans l'organisme humain (parler des aliments délayés, de l'évaporation qui a lieu dans nos tissus, du fonctionnement des organes sécréteurs, du transport des particules nutritives du sang)? — Quelle quantité d'eau l'homme doit-il boire, en moyenne, par jour? — S'affaiblit-on en buvant de l'eau? — Que résulte-t-il de l'usage de cette boisson pour l'homme? — Quelles qualités doit réunir l'eau prise comme boisson?

2. — Que pensez-vous de l'usage des infusions de café et de thé? — Quelles sont leurs propriétés? — Quels avantages présentent-elles, pour les ouvriers agricoles, pendant les chaudes journées estivales? — Entendez-vous leur usage avec ou sans addition d'alcool?

LECTURES.

1. — Les tempérants et les abstinents.

Le nombre des personnes qui s'abstiennent des boissons alcooliques, ou qui s'astreignent à ne faire qu'un usage des plus modérés des boissons fermentées, est plus considérable qu'on ne le croit habituellement. Les États-Unis comptent dix millions de tempérants; l'Angleterre, cinq millions; la Suède et la Norvège, un demi-million; les neuf dixièmes des hommes ne boivent que de l'eau, puisque le Coran interdit le vin à ses 175 millions d'adeptes : « O croyants! y lit-on, le vin, les jeux de hasard,... sont des abominations inventées par Satan. Abstenez-vous-en, de peur que vous ne deveniez pervers. Le démon se servirait du vin et du jeu pour allumer parmi vous le feu de la discussion et vous détourner de la pensée de Dieu et de la prière. »

En France, le nombre des sociétés de tempérance s'est bien accru depuis quelques années; dans leur énumération, nous pouvons citer : la Ligue nationale contre l'alcoolisme, fondée en 1872; la Société française de tempérance de la Croix-Bleue; la Société contre l'usage de boissons spiritueuses, fondée en 1895; l'Association de la jeunesse française tempérante, fondée en 1896; la Prospérité (société française contre l'usage de toute boisson alcoolique), fondée aussi en 1896, et qui vient d'ouvrir une maison d'assistance par le travail, destinée aux malades alcooliques sortant des hôpitaux ou des asiles, etc...

Pour mieux s'opposer à l'envahissement de l'alcool, l'Angleterre, la Suisse, la Norvège et les États-Unis ont même fondé des cafés de tempérance. L'Angleterre à elle seule possède 7000 de ces cafés, plusieurs très prospères, dont l'un a un budget annuel de 200 000 francs.

La tempérance et l'abstinence des boissons alcooliques prolongent la vie et nous donnent plus de résistance à la fatigue et à la maladie. Les baleiniers, les guides, les marcheurs, les cyclistes professionnels s'abstiennent de spiritueux. Sur les 75 000 hommes qui composent l'armée anglaise aux Indes, il y en a 25 000 qui sont abstinents. Le docteur Parkes a constaté que des travailleurs soumis, pendant des temps déterminés, dans des conditions identiques de régime et de santé, à un même travail, s'acquittent plus vite d'une besogne fatigante et peuvent s'y appliquer plus longtemps s'ils s'astreignent à l'abstention totale de toute boisson alcoolique. « Les ouvriers anglais abstinents, dit Foville, sont faciles à distinguer par leur bonne santé, la convenance de leurs manières, la bonne tenue de leurs vêtements, leur opulence relative et la faveur dont ils sont l'objet auprès de tous les chefs qui les emploient. »

La mortalité des membres des sociétés de tempérance est, en Angleterre, à ce point inférieure à la mortalité moyenne, que les compagnies anglaises d'assurances sur la vie ont été amenées à consentir en leur faveur des rabais considérables.

Une de ces compagnies vient de communiquer au public des renseignements importants sur ses assurés, qu'elle divise en deux classes : les buveurs d'alcool, sans cependant être des ivrognes habituels, et les abstinents, ne consommant ni alcool, ni vin, ni bière. La première section comprend donc les gens qui boivent du vin à table, un verre de bière ou de liqueur à l'occasion. Or, en vingt-neuf ans, alors que les calculs de probabilités donnaient un nombre de 8836 décès, on en a enregistré 8617, soit 98 pour 100 des probabilités, tandis que, dans la série des abstinents, 4368 décès seulement sont relevés sur 6187 décès prévus, soit 70 pour 100 des probabilités. Voilà de quoi nous faire hésiter au moment de boire le verre de bière après le café. Autre statistique donnée par la même compagnie anglaise : sur 1000 assurés abstinents, 590 ont atteint l'âge de 65 ans, tandis que, sur 1000 buveurs d'alcool, 453 seulement ont atteint cet âge. Les existences écourtées par l'usage des boissons alcooliques s'élèvent donc à 137 par 1000.

Reconnaissons, par ces constatations, que l'eau appliquée comme boisson produit les résultats les plus heureux au point de vue de la santé et de la longévité.

Donnons, pour terminer, le texte d'un document rare, le premier engagement écrit de tempérance, daté de 1637, du pasteur anglais R. Bolton :

« A partir de ce jour et jusqu'à la fin de ma vie, il ne m'arrivera plus de prendre part à un toast, ni de boire à un verre, une coupe, un bol, ni à aucun autre des instruments usités pour la boisson; cela quoi qu'il arrive ou puisse arriver, malgré notre très gracieux seigneur le roi, malgré le plus grand des souverains ou des tyrans qui soient sur la terre, malgré mon meilleur ami et quand bien même on m'offrirait tout l'or de la terre. Ni les anges du ciel (qui, je le sais, ne le veulent pas), ni Satan avec tous ses démons, ni tous les pouvoirs de l'enfer ne me feront manquer à cet engagement.

« R. Bolton.

« *Broughton*, 10 *avril* 1637. »

(***.)

2. — Les boissons excitantes.

Les excitants facilitent la circulation; ils accélèrent le travail de l'estomac et celui de l'absorption; ils sont des matériaux sûrs pour l'énergie des organes et des producteurs de force dans les divers actes qui constituent la vie. Leur importance, leur nécessité, dirai-je, ne peut donc être mise en doute, surtout à notre époque de travail excessif, de surmenage intellectuel et manuel: tous nous ressentons l'impérieux besoin d'excitants, qui nous font travailler d'une façon plus soutenue, suivant les nécessités du moment de la vie journalière.

L'excitant doit être inoffensif. Il doit produire son effet de surexcitation mentale et musculaire sans affaiblir les organes. Son action éphémère ne doit laisser dans l'organisme ni déchet, ni résidu.

Les meilleurs excitants sont connus; ce sont ceux qu'une longue expérience a consacrés comme produisant l'excitation vitale sans dégénérescence de la race : le café et le thé. Les Arabes emploient le café comme boisson depuis des siècles, sans que rien vienne établir que son influence ait été funeste au caractère national; les Chinois et les Japonais font usage de thé de temps immémorial, sans abâtardissement de la race. Dans notre vieille Europe, la boisson courante de l'Angleterre est le thé, et tout prouve que l'usage de cette boisson est pour beaucoup dans les qualités d'activité et d'initiative qu'on ne peut contester au peuple anglais.

Usons donc largement de café et de thé, pour nous détacher petit à petit des boissons distillées, qui excitent, elles aussi, mais en occasionnant des désordres terribles dans l'organisme et en produisant des tares héréditaires.

Employons ces boissons saines, non seulement par raison de santé, mais par patriotisme; pour donner au pays des citoyens sobres, au caractère bien trempé, qui aient pleine conscience de leur dignité morale et civique, et qui sachent conserver à la race française ses qualités propres, si estimables et si hautement reconnues dans l'univers entier.

(***.)

DICTÉES.

COURS ÉLÉMENTAIRE.

1. — L'eau est la boisson la plus saine et la plus naturelle pour l'homme. Il est faux de penser que l'usage de l'eau affaiblit. Elle forme une boisson aussi agréable qu'utile, qui peut être regardée même comme un aliment, par certains principes qu'elle renferme toujours.

2. — L'eau employée comme boisson doit être fraîche, claire, limpide, aérée, légère, agréable au goût. On la purifie en la filtrant. En cas d'épidémie, il faut toujours prendre la précaution de ne l'employer que bouillie, ou de ne la consommer qu'additionnée légèrement de thé ou de café.

3. — Le thé et le café sont des boissons bienfaisantes, qui facilitent la digestion, activent l'action des organes et la circulation du sang. Leurs infusions légères calment la soif, modèrent les sueurs, et sont employées avec avantage par les ouvriers agricoles pendant les chaudes journées de l'été.

4. — Les infusions légères de thé et de café sont d'autant plus précieuses pour les ouvriers agricoles, qu'elles leur permettent de boire sans danger les eaux souvent mauvaises des rivières et des étangs. Les microbes ne se développent pas dans une eau renfermant du café.

5. — Les ouvriers des champs, loin des habitations, n'ont souvent à leur disposition que les eaux toujours dangereuses des étangs et souvent mauvaises des cours d'eau. Il est heureux que l'addition d'un peu de café ou de thé puisse leur faire perdre leurs propriétés malfaisantes et les transformer en une boisson saine.

6. — Il est préférable de remplacer l'usage du vin et de l'alcool, que les ouvriers emportent dans les champs, par celui d'infusions légères de café ou de thé, qui sont plus rafraîchissantes et plus bienfaisantes. Il y a double profit à agir de la sorte : dépense moins grande et santé ménagée.

DICTÉES.

COURS MOYEN ET SUPÉRIEUR.

1. — Le maté.

L'infusion des feuilles de maté remplace le café et le vin pour une population de plus de onze millions d'habitants (Chili, Pérou, Brésil, etc.). Il est à souhaiter que l'usage de ce breuvage hygiénique et stimulant, par la caféine qu'il contient, se répande en France, comme il commence à le faire en Suisse, et qu'il remplace tous les soi-disant cafés de gland torréfié et de chicorée.

Le maté s'emploie à la dose de 10 à 15 grammes par litre; mais, particularité intéressante et précieuse, la même dose peut servir trois ou quatre fois pour préparer des infusions aussi savoureuses que la première. Ces feuilles sont d'un excessif bon marché : elles coûtent de 3 à 4f,50 le kilo et représentent sous le même poids une quantité d'infusion dix fois plus considérable que le café.

2. — Le maté (*fin*).

Le maté stimule, encore mieux que le thé et le café, l'activité intellectuelle, sans troubler la lucidité de l'esprit. Son action tonique sur le système musculaire le fait précisément rechercher par les habitants des régions montagneuses de l'Amérique du Sud. Enfin, si le thé et le café engendrent chez certaines personnes de l'insomnie et de la constipation, il n'en est pas de même avec lui. Il emprunte d'ailleurs ses principales propriétés à la caféine, dont il est plus chargé que le café et moins que le thé.

Le maté, pris froid, et surtout chaud, désaltère bien mieux que les boissons alcooliques, qui ne font qu'exaspérer la soif.

(P. Sérieux et F. Mathieu, *l'Alcool*[1].)

3. — Établissements de tempérance.

La création de restaurants, de cafés, de cercles, d'où sont bannies toutes les boissons alcooliques, est un facteur important de la réaction antialcoolique. Les breuvages enivrants y sont remplacés par des boissons vraiment hygiéniques et de bas prix : limonades, orangeades, glaces, café, thé, lait, chocolat, etc.

Ces établissements sont très nombreux en Angleterre, en Irlande, aux États-Unis et en Suisse. Ils ont groupé une clientèle importante, et certains d'entre eux distribuent à leurs actionnaires de 8 à 10 0/0 de dividende.

En Norvège, il existe un café pour abstinents dans chaque ville. Il n'y a en France que huit établissements de consommation pour abstinents. Paris, qui renferme 27 000 débits de boissons, ne possède qu'un seul restaurant de tempérance (rue Letellier, à Grenelle).

4. — Établissements de tempérance (*suite*).

Certains de ces établissements, bien que consacrés aux travailleurs, sont très confortablement aménagés. A Liverpool, le Club des abstinents comprend, au rez-de-chaussée, un restaurant et un café; au premier étage se trouvent des salles de réunion et de lecture, une bibliothèque, une caisse d'épargne, un bureau pour les assurances sur la vie. Partout la plus grande propreté et le confort. Un jardin sert aux amateurs d'exercices corporels. Ce club est fréquenté par 1200 ouvriers, leurs femmes et leurs enfants. Les cotisations ne représentent qu'une partie des sommes que les adhérents auraient dépensées en boissons alcooliques. Ce club constitue une véritable puissance : son budget est de 200 000 francs.

1. Félix Alcan, éditeur.

5. — Établissements de tempérance (*fin*).

A Londres, le *Palais du Peuple*, établissement pour abstinents, possède une salle de concert pour 3000 personnes, un grand restaurant économique, une bibliothèque, un jardin d'hiver, des salles de jeux, de réunion, de conférences où l'on fait des cours pratiques, des bains, etc. Que l'on compare ces établissements où l'ouvrier se rend avec les siens, où il se divertit, s'instruit, aux cabarets où l'on ne vient que pour boire, s'empoisonner et se ruiner!

Il va de soi que l'installation et l'exploitation de ces maisons exigent beaucoup de prudence, de savoir-faire et de ténacité, surtout dans les pays où la population n'a pas été encore sérieusement préparée.

(P. SÉRIEUX et F. MATHIEU, *l'Alcool*[1].)

6. — L'eau et l'alcool : expérience concluante.

On a fait, il y a trois ans, aux États-Unis, une expérience qui est bien démonstrative. C'est le pendant de celle que les ingénieurs des chemins de fer exécutèrent autrefois sur les ouvriers anglais nourris avec de la viande et les ouvriers belges alimentés avec des légumes. Les mangeurs de viande accomplirent une besogne double de celle des végétariens.

De même, en Amérique, on a fait travailler vingt hommes ne buvant que de l'eau et vingt hommes buvant du vin, de la bière et de l'eau-de-vie. Au bout de vingt jours on mesura le travail effectué.

Les ouvriers buveurs de liqueurs fortes eurent le dessus pendant les six premiers jours; puis vint une sorte de période de réaction ; finalement, les buveurs d'eau l'emportèrent en effectuant un travail au moins triple.

7. — L'eau et l'alcool : expérience concluante (*fin*).

On contrôla l'expérience en changeant les rôles. Les buveurs d'eau durent adopter le régime alcoolique pendant

1. FÉLIX ALCAN, éditeur.

vingt jours, et réciproquement les buveurs de vin et de boissons fermentées furent mis à l'eau claire. Encore cette fois, les ouvriers buveurs d'eau finirent par donner une somme de travail notablement supérieure à celle des buveurs de vin.

La conclusion s'en détache naturellement. Pour un effort prolongé, l'usage de l'alcool diminue la puissance musculaire ; en d'autres termes, la machine humaine alimentée avec de l'eau fournit plus d'énergie qu'avec l'alcool. Donc c'est bien un préjugé populaire d'admettre que l'usage du vin donne des forces. Pour un effort momentané, oui ; pour un travail prolongé, non.

(Henri de Parville.)

PROBLÈMES.

COURS ÉLÉMENTAIRE.

1. — Les feuilles de maté sont achetées 4 francs le kilo, et s'emploient en infusions à raison de 15 grammes par litre; à combien revient le litre de maté?

Calculs. — 1000 : 15 = 66 litres; 4 : 66 = **0f,06.**

2. — Le litre de maté revient à 0f,06. Un ouvrier agricole a l'habitude d'emporter journellement dans les champs, en temps de moisson, 2 litres de cidre qu'il paye 0f,15 le litre. Quel bénéfice réaliserait-il en 15 jours, tout en ménageant sa santé, s'il remplaçait l'usage du cidre par celui d'une égale quantité de maté?

Calculs. — 0,09 × 2 = 0f,18; 0,18 × 15 = **2f,70.**

PROBLÈMES.

COURS MOYEN ET SUPÉRIEUR.

1. — La limonade citrique, qui est une boisson saine et rafraîchissante, s'obtient en mettant dans un litre d'eau

6 grammes d'acide citrique, 2 grammes de bicarbonate de soude et 30 grammes de sucre. L'acide citrique étant acheté 0f,015 le décagramme, le bicarbonate de soude 2 francs le kilogramme et le sucre 0f,55 le demi-kilogramme, on demande le prix de revient d'une caisse de limonade citrique de 12 bouteilles et celui du litre. Chaque bouteille contient 0l,60.

CALCULS. — 0,60 × 12 = 7l,2; 6 × 7,2 = 43g,2; 2 × 7,2 = 14g,4; 30 × 7,2 = 216 grammes.
0,015 × 4,32 = 0f,0648; 0,002 × 14,4 = 0f,0288; 1,10 × 0,216 = 0f,2376; 0,0648 + 0,0288 + 0,2376 = **0f,3312**; 0,3312 : 7,2 = **0f,046.**

2. — Un manouvrier intelligent remplace avantageusement l'apéritif par la citronnade. Avec un citron qu'il paye 0f,15, il confectionne deux verres de boisson saine, qui remplacent deux apéritifs. Si l'on évalue à 0f,08 la quantité de sucre entrant dans les deux verres de limonade, on demande le bénéfice annuel que réalise le manouvrier transformant son apéritif en citronnade. (On supposera une consommation d'un verre par jour et l'on évaluera l'apéritif à 0f,25.)

CALCULS. — (365 : 2) × 0,15 = 27f,375; (365 : 2) × 0,08 = 14f,60; 27,375 + 14,60 = 41f,975; 0,25 × 365 = 91f,25; 91,25 — 41,975 = **49f,275.**

3. — Un ouvrier avait l'habitude d'additionner son café quotidien de 4 centilitres d'eau-de-vie. Il supprime avantageusement l'eau-de-vie et conserve l'usage du café, qui est excellent. Si le litre d'eau-de-vie lui revenait à 1f,80, on demande le bénéfice annuel que réalise cet ouvrier en supprimant l'eau-de-vie de son café (année de 365 jours).

CALCULS. — 0,04 × 365 = 14l,60; 1,80 × 14,60 = **26f,28.**

DEVOIRS DE RÉDACTION.

1. — L'eau, ses divers états dans la nature, ses principaux usages. Que pensez-vous de l'eau appliquée aux hommes comme boisson? (Certificat d'études primaires; Loire.)

2. — Du café et du thé comme boissons. Leurs effets et leur nécessité dans la vie de l'homme. De leur usage pour les ouvriers agricoles et de l'avantage qu'elles présentent sur l'emploi des boissons fermentées ou distillées.

AUTRES DEVOIRS DE RÉDACTION.

COURS MOYEN ET SUPÉRIEUR.

3. — Établissez que l'eau est la boisson naturelle, et combattez le préjugé qui veut que l'usage de l'eau pour l'homme ait un pouvoir débilitant.

4. — La locution proverbiale *fort comme un Turc* ne combat-elle pas le préjugé relatif au pouvoir débilitant de l'eau? La guerre turco-grecque de 1897 et l'attitude des Albanais marchant à l'ennemi ne montrent-elles pas que les Turcs, qui sont des buveurs d'eau, n'ont rien perdu de leurs qualités personnelles et guerrières?

5. — Qu'entendez-vous par abstinents? Sont-ils nombreux? Prouvez qu'ils sont en grande majorité sur terre.

6. — Prouvez par des exemples, et, si possible, par des chiffres, que les abstinents sont plus forts, plus vigoureux, plus résistants à la fatigue, et qu'ils peuvent espérer une longévité plus grande que ceux qui font usage des boissons alcooliques.

7. — Effets bienfaisants du café et du thé. Quelles nations emploient couramment les infusions de café et de thé? Ces infusions remplacent-elles avec avantage l'usage des boissons alcooliques? Pourquoi?

8. — Que savez-vous des Sociétés de tempérance et d'abstinence? Qu'en pensez-vous? Faites connaître quelques articles de leurs statuts.

5e LEÇON. — Les boissons fermentées: cidre, bière, vin. — Action des boissons fermentées; effets nuisibles de l'abus de ces boissons sur la santé.

PLAN.

Parler brièvement de la fabrication du cidre, de la bière, du vin, et indiquer les pays de production : cidre (Normandie, Bretagne, Picardie); bière (régions du nord et de l'est); vin (centre, midi et sud-ouest de la France).

Ces boissons, naturelles et bien fabriquées, sont hygiéniques et stimulantes, quand elles sont prises modérément. Le cidre détermine une augmentation de la sécrétion urinaire; la bière excite la faim; le vin agit surtout en stimulant les fonctions de nutrition et les fonctions cérébrales. Malheureusement, où trouver encore le cidre pur, la bière non falsifiée, le vrai vin de raisin? Qui ne sait que le cidre est souvent suralcoolisé; que la bière est additionnée de bas alcools, de salicylate, de buis, de noix vomique, etc.; que les falsifications du vin sont encore plus nombreuses et plus funestes, si c'est possible? Qui ne sait que les manipulations que l'on fait subir aux boissons, pratiquées sans mesure, ne sont pas sans inconvénients au point de vue de l'hygiène et que quelques-uns des produits employés sont des poisons violents?

La règle, quand on use de boissons fermentées, c'est de porter son choix sur des boissons naturelles, au risque de les payer plus cher; de n'en jamais boire à jeun; de les boire, en mangeant, toujours très étendues d'eau. Une personne adulte peut se contenter, par jour, d'un litre environ de boissons fermentées, en complétant cette ration par l'addition d'eau. Quant aux enfants, il est sage de ne leur faire boire ni vin, ni cidre, ni bière, ou, en tout cas, de ne leur donner que deux doigts seulement de ces boissons, délayés dans beaucoup d'eau.

Il est toujours nuisible à la santé d'abuser des boissons fermentées. Ces excès, répétés, s'ils ne présentent pas des troubles aussi graves que ceux qui résultent de l'usage des spiritueux, ont cependant des conséquences bien redoutables, qui, à la longue, peuvent se rapprocher des conséquences de l'alcoolisme par les boissons distillées : cauchemars, insomnies, tremblements, délire, affections de l'estomac, pituites, désordres du foie, obésité ou amaigrissement, prédisposition à la tuberculose.

L'excès des boissons fermentées alcoolise moins vite; son effet est plus lent; mais il n'en constitue pas moins un danger d'autant plus grave qu'il s'accompagne souvent de l'usage des spiritueux.

DIRECTIONS PÉDAGOGIQUES.

Visiter, si possible, la brasserie voisine, la cuve du vigneron et celle du fabricant de cidre.

Montrer aux enfants : buis, noix vomique, baies de sureau, bois de campêche, etc., et expliquer leur emploi.

Avoir à sa disposition un peu de fuchsine, et montrer le

pouvoir colorant considérable de cette substance, extraite de la houille; une goutte dans un verre d'eau donne une belle couleur vineuse.

RÉSUMÉ.

Le cidre se fabrique en Normandie, en Bretagne et en Picardie; la bière, dans les régions du nord et de l'est; le vin, dans le centre, le midi et le sud-ouest de la France.

Ces boissons, naturelles et bien fabriquées, prises modérément, sont hygiéniques. Malheureusement, elles sont bien souvent falsifiées et additionnées de substances nuisibles à la santé (suralcoolisation du cidre; addition de bas alcool, de salicylate, de buis, de noix vomique à la bière; mouillage, colorations artificielles, et addition de bouquets artificiels aux vins fabriqués de toutes pièces).

Les règles hygiéniques à observer dans l'emploi des boissons se résument ainsi : porter son choix sur des boissons naturelles ; n'en pas boire à jeun ; n'en boire, en mangeant, qu'étendues d'eau; se contenter d'une ration journalière d'un litre de boissons fermentées.

Les enfants ne doivent boire ni vin, ni cidre, ni bière, ou n'en boire que deux doigts délayés dans beaucoup d'eau.

L'excès répété des boissons fermentées produit un genre d'alcoolisme qui, sans être aussi redoutable que celui qui résulte des spiritueux, s'en rapproche cependant par ses conséquences redoutables pour la santé.

MAXIME. — ***L'usage courant, par les enfants, des boissons fermentées est une cause fréquente de la méningite.*** (Docteur LANCEREAUX.)

EXERCICES D'INTELLIGENCE.

1. — Quels sont les pays de fabrication du cidre? de la bière? du vin? — A quelles conditions ces boissons peuvent-elles être regardées comme hygiéniques? — Quels sont, à petites doses, leurs effets sur l'organisme? — Ces boissons ne sont-elles pas difficiles à rencontrer saines? — Quelles sont les falsifications nuisibles les plus communes qu'on leur fait subir?

2. — Quelles sont les règles hygiéniques à observer dans l'usage de ces boissons? — Quelle quantité journalière une personne adulte peut-elle en consommer sans danger? — Et les enfants? — Où conduit leur abus répété? — Quelle différence et quel rapprochement peut-on établir entre l'alcoolisme des boissons fermentées et celui des liqueurs distillées?

LECTURES.

1. — Propriétés hygiéniques des boissons fermentées.

A la dose où les gens tempérants l'emploient, quels sont les effets du vin et que doit-on penser de ses prétendus avantages?

D'après un savant chimiste, « les vins de Bordeaux, de Bourgogne, de Mâcon, de Beaujolais, par leur richesse moyenne en alcool (8 à 11 pour 100), par leur dose notable de tanin, leur faible acidité, leur extrait souvent ferrugineux et phosphaté, sont plus ou moins toniques et reconstituants, sans exciter ni fatiguer l'estomac ». Nous accordons qu'il est des sujets chez lesquels l'usage modéré de ces vins naturels puisse n'avoir pas d'inconvénients et même être parfois utile. Mais à côté de ces cas, combien d'autres où il est loin d'en être ainsi! Si le vin peut paraître favoriser la digestion par ses acides, ceux-ci exercent malheureusement une influence fâcheuse sur certains estomacs, plus nombreux qu'on ne le pense, qui fabriquent par eux-mêmes une trop grande quantité de sucs acides.

Nous avons à peine besoin d'ajouter qu'à jeun, la moindre quantité de vin rouge est mal supportée par les estomacs non préparés, c'est-à-dire par les estomacs sains, et que le vin blanc fait immédiatement sentir ses effets sur le système nerveux. D'autre part, de nombreuses expériences prouvent que, sur certains sujets, des doses même modérées de vin suffisent pour ralentir et troubler sensiblement la digestion. Mélangé d'eau, le vin perd la plupart de ses qualités gastronomiques, mais c'est encore la meilleure manière d'en faire usage.

La bière, au dire de bien des gens, jouit de toutes sortes de privilèges : elle est tonique et apéritive par son amertume, nourrissante par ses principes sucrés et azotés. Il est certain que la bière, à cause de son amertume, peut, mais seulement à petite dose, exciter la faim; mais il est plus sain et plus économique, pour les gens qui manquent d'appétit, pour les malades, de prendre une tasse d'infusion de houblon, de gentiane, etc., qu'une bouteille de bière. Il nous semble ridicule ou naïf d'invoquer les propriétés nutritives de cette boisson. De 100 kilogrammes d'orge employés à la fabrication de la bière, il ne subsiste que 5 kilogrammes de matières solides dissoutes dans 80 litres d'eau, soit à peu près 30 grammes dans chaque demi-litre. Cinq litres de bière, coûtant de 1 à 3 francs, ne contiennent pas plus de nourriture qu'un petit pain de dix centimes, et il est prouvé qu'un litre de bière n'est pas plus nourrissant qu'un centimètre cube de fromage. La bière ne mérite donc pas son titre de *pain liquide*.

Certes, l'usage d'une bière légère, ne titrant qu'un à deux degrés d'alcool, n'est pas incompatible avec une bonne digestion; elle peut même, dans certains cas spéciaux, la favoriser; mais elle n'étanche la soif qu'à haute dose, à condition d'être froide ou même glacée. Or il n'est pas sans inconvénient d'augmenter hors de raison la quantité des aliments liquides que l'estomac est chargé de brasser pendant la digestion, et rien n'est nuisible à cette fonction comme les boissons glacées. Ajoutons que la bière rend somnolent, ne dispose pas au travail intellectuel, et qu'elle produit une ivresse plus dangereuse souvent que celle du vin.

Quant au cidre, bien qu'en général un peu moins riche en alcool que les boissons précédentes, il n'a sur elles aucun avantage. Ses propriétés nutritives sont nulles; il est de conservation difficile; il est indigeste et occasionne ou entretient des maladies d'estomac trop communes. Sec, il est très acide et *dur* à l'estomac; doux, il ne désaltère pas. Point n'est besoin d'ajouter qu'il grise et mène à l'alcoolisme tout comme la bière. On ne doit en faire usage qu'à petite dose, et mélangé à beaucoup d'eau.

(D'après P. SÉRIEUX et F. MATHIEU, *l'Alcool* [1].)

2. — Extrait des statuts de l'Association de la jeunesse française tempérante.

ARTICLE 2. — Cette association a pour but : 1° d'éclairer la jeunesse française sur les dangers de l'alcoolisme; 2° de fortifier les habitudes de tempérance et d'hygiène chez les jeunes gens des deux sexes qui sollicitent son appui; 3° de procurer à ses membres des distractions saines dans la mesure des moyens légaux et des ressources pécuniaires dont elle dispose; 4° de les faire bénéficier de tous les avantages moraux et matériels qu'elle peut obtenir pour eux ; 5° de les aider à surmonter les difficultés qu'ils peuvent rencontrer au début de leur carrière.

ARTICLE 4. — Pour être membre actif, il faut : 1° être âgé de onze ans au moins et de vingt ans au plus; 2° être autorisé par ses parents ou par son tuteur à faire partie de l'association; 3° prendre l'engagement de ne faire aucun usage des boissons distillées, sauf prescription médicale, et de n'user que modérément des boissons fermentées; 4° se soumettre à un contrôle médical au point de vue spécial de l'alcoolisme, dans les conditions fixées par le Conseil d'administration.

DICTÉES.

COURS ÉLÉMENTAIRE.

1. — Le vin, pris à jeun, est toujours mauvais pour la santé. On ne doit en faire usage qu'en mangeant, qu'à dose modérée, et étendu de beaucoup d'eau. C'est seulement à ces conditions que le vin peut être regardé comme une boisson bienfaisante.

2. — Les enfants ne devraient jamais boire de vin. Tout au plus peut-on leur permettre de prendre, en mangeant,

1. FÉLIX ALCAN, éditeur.

seulement deux doigts de vin auquel on ajoute beaucoup d'eau. Mais ayons soin de ne faire usage que de vin naturel et non de vin fabriqué de toutes pièces.

3. — Les vins naturels sont difficiles à trouver. Il vaut mieux boire de l'eau que de prendre comme boisson un vin artificiel ou falsifié, renfermant les substances les plus nuisibles à la santé. Payons notre vin plus cher, pour avoir le pur jus du raisin, au lieu de porter notre choix sur des vins qui, ingérés, ruinent nos organes.

4. — Malheureusement, on pratique, sur les vins naturels, certaines manipulations dangereuses : *plâtrage*, pour en aviver les couleurs; *sucrage*, pour en augmenter la proportion d'alcool; *soufrage* et *salicylage*, pour leur conservation; *coupage* de vins divers se complétant les uns les autres. Ces diverses opérations, pratiquées sans mesure, ont des inconvénients au point de vue de l'hygiène.

5. — La bière et le cidre, pris modérément, sont des boissons saines, dont l'usage se répand. Il est regrettable que des fabricants sans honnêteté y ajoutent des substances dangereuses, soit pour les conserver plus longtemps, soit pour les transporter plus facilement. Sur 185 échantillons de cidres analysés au Laboratoire municipal de Paris, 81 seulement ont été reconnus purs et sans mélange.

DICTÉES.

COURS MOYEN ET SUPÉRIEUR.

1. — Comment il faut consommer le vin.

Par sa composition, le vin constitue, au titre de 9 à 11 pour 100 d'alcool, et étendu des deux tiers d'eau, la meilleure boisson pour les repas. Un homme qui se livre à un travail manuel exigeant des efforts soutenus peut, sans inconvénient, consommer un litre de vin par jour. En dehors de ces conditions de travail, 40 à 50 centilitres suffisent. Mais lorsque le vin est pris pur, dans l'intervalle des repas, et surtout le matin à jeun, il peut, à lui seul, produire tous les accidents de l'alcoolisme chronique. Il n'y a pas d'asile d'aliénés qui ne compte un certain nombre de pensionnaires dont la folie n'a pas d'autre cause que ce *coup du matin*, si inoffensif en apparence.

(ACADÉMIE.)

2. — Les vins fabriqués.

On fabrique de toutes pièces des vins à bon marché qui sont très dangereux pour la santé, à cause des principes essentiellement pernicieux qu'ils renferment. Il y a des fabricants de vins, comme il y a des vignerons qui extraient le pur jus de raisin. Avec de l'eau, des acides, quelque peu de raisin sec et de la fuchsine, on arrive à composer une mixture détestable qui détraque et qui ruine l'estomac, et à laquelle on donne pompeusement la qualification de vin. Méfions-nous de ces produits. Méfions-nous de ces gros vins laissant autour du verre cette trace violacée qui dénote la présence de la fuchsine. Oh! par grâce, n'y touchez pas : il y va de votre santé si précieuse.

3. — Le cidre.

Le cidre est une boisson très saine, un peu moins alcoolisée que le vin (4 à 5 degrés d'alcool seulement). Sa fabrication est simple. Les pommes sont broyées dans des moulins particuliers appelés *diables;* la pulpe qui en résulte est portée dans de grandes cuves, avec adjonction d'un peu d'eau, où elle fermente; quand la fermentation est achevée, on dispose la pulpe par couches plus ou moins épaisses sur un pressoir, pour en extraire le jus, que l'on porte directement dans le cellier, pour en remplir les tonneaux. Là, le cidre subit une seconde fermentation; lorsqu'elle est finie, on bouche hermétiquement chaque tonneau au moyen d'une bonde entassée au marteau. Le cidre est fabriqué.

4. — Le cidre (*fin*).

Le cidre, quand il est jeune, se met parfois en bouteilles; il constitue ainsi une boisson très agréable, qui pétille et qui mousse comme le champagne, mais qui désaltère peu. Le cidre en fût durcit vite, et il devient alors désagréable à boire et dangereux pour l'estomac, qu'il remplit d'acidités. La meilleure manière de consommer le cidre, c'est d'en user quand il n'a pas encore tourné à l'aigre, et de le mélanger à deux fois son volume d'eau. Dans les pays de production, on fait chauffer le cidre, en y ajoutant environ un quart d'eau-de-vie et en le sucrant. Cette boisson, un peu de luxe et des jours de fête, appelée *flippe*, tourne vite les têtes et doit être évitée : il suffit de quelques verres de *flippe* pour produire l'alcoolisme aigu.

5. — Le poiré.

Le poiré est toujours dur, même quand il est jeune. Il convient surtout pour fabriquer une boisson de luxe qui rivalise de loin avec le vin de Champagne, et qui porte le nom de *poiré mousseux*. C'est un produit très rémunérateur pour le fabricant, qui vend son poiré travaillé jusqu'à 2 francs la bouteille, soit un prix presque aussi élevé que celui des vins de Champagne des derniers choix. La fabrication du poiré mousseux se rapproche, du reste, de celle du champagne; mais elle restera toujours très restreinte, parce qu'elle réclame des espèces particulières de fruits qui ne peuvent se récolter que sur certains terrains.

6. — La bière.

La bière est un peu une boisson de luxe; elle coûte trop cher. Elle est rafraîchissante par le houblon et l'orge qui doivent entrer dans sa fabrication. Je dis *qui doivent entrer,* parce que malheureusement elle nous arrive assez souvent sophistiquée et fabriquée avec toutes sortes de produits qui ne sont rien moins que rafraîchissants. Les bières étrangères ou transportées sont toujours suralcoolisées; leur usage devient dès lors dangereux.

Si l'on doit boire de la bière en mangeant, il faut s'assurer de la provenance de la boisson, de son genre de fabrication, et toujours y mêler un tiers de son volume d'eau. Ces précautions ne sont pas inutiles, en présence des falsifications nombreuses auxquelles la bière est sujette.

PROBLÈMES.

COURS ÉLÉMENTAIRE.

1. — Un partisan de l'estaminet y consomme chaque jour une bouteille de bière de $0^l,65$ qui lui coûte $0^f,50$. On demande : 1° le prix réel du litre de bière; 2° la dépense qui résulte annuellement, et inutilement, de cette consommation de bière.

Calculs. — 0,50 : 0,65 = **0f,77**, par excès; 0,50 × 365 = **182f,50.**

2. — J'achète pour 80 francs, tous frais compris, une barrique de 220 litres d'un vin qui cote 8 pour 100 d'alcool. A combien me revient un litre d'alcool de ce vin, abstraction faite des autres substances qui entrent dans sa composition?

Calculs. — 220 × 0,08 = $17^l,60$; 80 : 17,60 = **4f,55**, par excès.

3. — Un ouvrier rangé met, par trimestre, 35 francs de côté; un second ouvrier, dépensier, fait en moyenne, par semestre, 12 francs de dettes. De combien le premier ouvrier sera-t-il plus riche que le second au bout de l'année?

Calculs. — 35 × 4 = 140 francs; 12 × 2 = 24 francs; 140 + 24 = **164** francs.

PROBLÈMES.

COURS MOYEN ET SUPÉRIEUR.

1. — J'ai reçu comme échantillon un quart de litre de vin qui pèse 246 grammes, tare déduite. Or, mon marchand vient de me fournir un fût soi-disant du même vin, de 225 litres, pesant, tare déduite, 240 kilogrammes. A-t-on mouillé mon vin, et quelle quantité d'eau y a-t-on approximativement ajoutée?

Solution. — Mon vin devrait peser 0,246 × 4 × 225 = $221^{Kg},4$; d'où un excès de 240 — 221,4 = $18^{Kg},6$, qui provient de l'addition de **18l,6** d'eau, puisque l'eau ordinaire pèse approximativement 1 kilogramme le litre.

2. — Dans le Nord, la bière se consomme à la chope (un tiers de litre). Dans une soirée, 12 buveurs ont absorbé chacun 45 chopes. Si l'on fixe à 4,50 pour 100 le taux alcoolique de la bière consommée, on demande combien, en réalité, dans leur soirée, les 12 buveurs ont consommé d'alcool pur, et combien en a consommé chaque buveur.

CALCULS. — (12 × 45) : 3 = 180 litres; 180 × 0,045 = **8l,10**; 8,10 : 12 = **0l,675**.

3. — Dans une société de 8 buveurs, on fait confectionner un *flippe* composé de 5 litres de cidre, de 1/4 du volume du cidre en eau-de-vie et de 1 livre 1/4 de sucre. Le cidre valant 0f,15 le litre, l'eau-de-vie 1f,80 le litre, le sucre 1f,15 le kilog., on demande ce que coûte la confection du *flippe* et ce qu'aura à payer chaque buveur pour sa part.

CALCULS. — 5 : 4 = 1l,25; 0,15 × 5 = 0f,75; 1.80 × 1,25 = 2f,25; 1,15 × 0,625 = 0f,72; 0,75 + 2,25 + 0,72 = **3f,72**; 3,72 : 8 = **0f,46**, par défaut.

4. — Si le cidre du *flippe* contient 4 0/0 d'alcool, et l'eau-de-vie employée 49 0/0, combien chaque buveur a-t-il absorbé d'alcool pur, en supposant une consommation égale pour chaque buveur?

CALCULS. — 5 × 0,04 = 0l,20; 1,25 × 0,49 = 0l,6125; 0,20 + 0,6125 = 0l,8125; 0,8125 : 8 = **0l,1015**.

5. — Dans une année, un paysan est allé 16 fois au marché sans y avoir rien à faire. Chaque fois, il a dépensé en moyenne 1f,75 en libations diverses et a perdu sa demi-journée estimée 1f,70. Avec l'argent ainsi gaspillé, pendant combien de temps aurait-il pu entretenir sa famille, si cet entretien lui coûte 20 francs par semaine? (Certificat d'études primaires; Basses-Pyrénées.)

CALCULS. — 1,75 + 1,70 = 3f,45; 3,45 × 16 = 55f,20; (55,20 × 7) : 20 = **19** jours, par défaut.

DEVOIRS DE RÉDACTION.

1. — Définition des boissons fermentées. Fabrication du vin, du cidre, de la bière. Conditions dans lesquelles elles sont des boissons saines. Parlez de leur usage et de leur consommation journalière.

2. — Faites connaître les diverses falsifications que l'on fait subir aux vins, au cidre et à la bière. Dangers de ces falsifications.

AUTRES DEVOIRS DE RÉDACTION.

COURS MOYEN ET SUPÉRIEUR.

3. — Qu'appelle-t-on boissons naturelles? artificielles? Quelles sont celles qui sont bienfaisantes? nuisibles? Dans quelles conditions leur action est-elle bienfaisante ou nuisible?

4. — Les boissons fermentées. Sous quelles réserves leur usage peut-il être bienfaisant? Que pensez-vous des vins fabriqués, et des bières ou cidres falsifiés?

6e LEÇON. — Boissons distillées : alcool; effets nuisibles de leur usage habituel.

PLAN.

L'alcool n'est pas un aliment. Pris à petite dose, il excite vivement tout l'organisme : circulation accélérée, émission abondante des urines, échanges moléculaires s'opérant vivement; dans ces conditions, son usage très restreint et exceptionnel ne peut être nuisible.

A dose élevée et répétée, la scène se modifie du tout au tout : épaississement et endurcissement de la muqueuse de l'estomac, qui fonctionne mal; congestion du foie, qui s'hypertrophie ou se sclérose et ne peut plus remplir son rôle nutritif; même résultat pour les reins, dont le rôle épurateur s'affaiblit; l'urine se mêle au sang et l'empoisonne; le cerveau éprouve un commencement de paralysie; les artères se durcissent et perdent leur propriété élastique si précieuse et si indispensable; la circulation et la nutrition se font mal, et il y a abaissement de la température du corps. D'où sensibilité et intelligence sensiblement altérées; organes des sens manquant de précision et de sûreté; volonté s'affaiblissant; paralysie générale ou folie; tendance marquée pour les affections graves, et surtout pour la terrible phtisie. Telles sont les redoutables conséquences de l'alcoolisme.

Parler de la fabrication des alcools se tirant du vin, du cidre, des prunes, des cerises, des grains, etc. Faire connaître que l'industrie met en vente des alcools inférieurs, auxquels elle a donné le *bouquet artificiel*, de façon à imiter ces divers alcools, et que les substances employées à cet effet sont toutes des poisons, exerçant une influence des plus nuisibles sur la santé des buveurs. (Un centigramme du *bouquet de cognac* injecté sous la peau d'un chien de Terre-Neuve le tue en onze minutes.)

Règles à observer : ne jamais prendre d'alcool à jeun; fuir l'alcool de commerce, toujours sophistiqué, comme le plus redoutable de nos ennemis; *par exception*, prendre *un* petit verre après le repas, mais seulement d'eau-de-vie vraie et naturelle, qui sort sûrement de chez le vigneron. Ces règles concernent les grandes personnes; les enfants ne doivent jamais prendre d'eau-de-vie.

DIRECTIONS PÉDAGOGIQUES.

L'instituteur doit parler un langage convaincu. Il doit exposer sa leçon avec la ferme assurance qu'il est dans la vérité et qu'il combat l'un des ennemis les plus à craindre de notre société. L'alcool, voilà l'ennemi! Qu'il s'inspire de cette croyance, qu'il descende dans son cœur et dans sa conscience d'éducateur, et qu'il y puise une force de raisonnement qu'il appuiera de raisons solides.

Qu'il montre l'accroissement rapide de la consommation alcoolique en France, qui passe de $2^{l},27$ d'alcool, par tête, en 1860, à $3^{l},64$ en 1880, et à $4^{l},32$ en 1893. Qu'il montre, en outre, le nombre des aliénés alcooliques croissant avec cette consommation, et passant de 713 à 3386. Qu'il montre le nombre des suicides alcooliques prenant aussi une proportion ascendante : 137 de 1836 à 1840 et 954 en 1891. Qu'il montre encore que le nombre des décès accidentels dus à l'alcoolisme, qui est de 226 de 1836 à 1840, alors que la consommation des spiritueux est de $1^{l},21$ par tête, donne, en 1890, le nombre de 538, alors que la consommation en spiritueux s'élève à $4^{l},35$ par habitant. Qu'il fasse connaître que partout autour de nous il s'opère une forte réaction contre les boissons distillées, et qu'on est parvenu à enrayer le mal en restreignant de plus en plus la consommation alcoolique en Angleterre, en Allemagne, en Suisse, en Suède, dans les États-Unis, tandis qu'en France cette consommation devient de plus en plus grande, et demeure inquiétante pour l'avenir du pays.

C'est par cette statistique et ces chiffres éloquents autant que tristes pour nous; c'est par ces vérités que nous répandrons à pleines mains dans notre enseignement; c'est par ces arguments qui sont autant de solides démonstrations du danger auquel nous sommes exposés; c'est par ce langage viril, chaud, vibrant et convaincu que nous ferons pénétrer petit à petit dans l'esprit des jeunes générations qui seront la France de demain cette horreur de l'alcool, cette crainte salutaire du breuvage dangereux, qui nous donneront une France régénérée, une France de tempérants et d'abstinents comprenant mieux leurs devoirs individuels, sociaux et civiques, et qui attacheront encore un plus grand cachet de grandeur morale et matérielle au front de notre cher pays.

L'instituteur doit prêcher d'exemple : il y va de son bon enseignement. Il introduira, s'il le peut, dans son école, une société de tempérance.

Pour ajouter une nouvelle preuve de l'action funeste de l'alcool, il rappellera comment certaines ménagères tuent poules et lapins, en leur faisant boire quelques gouttes d'*eau-de-vie* seulement, et non d'alcool.

RÉSUMÉ.

L'alcool n'est qu'un excitant, et non un aliment; pris à petite dose et par exception, son usage ne peut être nuisible; mais à dose élevée et répétée, il engendre des désordres graves dans l'économie, et conduit à l'altération de la sensibilité, de l'intelligence et des organes des sens, à l'affaiblissement de la volonté, à la paralysie, à la folie, aux affections graves et surtout à la phtisie.

L'eau-de-vie se tire du vin, du cidre, des fruits, des grains, etc. L'industrie fabrique, avec des alcools inférieurs et des bouquets artificiels, des eaux-de-vie, dites *eaux-de-vie de commerce*, qui sont très nuisibles à la santé des buveurs : un centimètre cube du *bouquet de cognac* injecté sous la peau d'un chien de Terre-Neuve le tue en onze minutes.

Les grandes personnes doivent s'abstenir d'alcool à jeun; fuir comme l'ennemi le plus redoutable l'alcool de commerce, qui contient des poisons vio-

lents; accepter, par exception, après le repas, *un* petit verre d'eau-de-vie vraie et naturelle, sortant sûrement de chez le vigneron. Les enfants ne doivent jamais prendre d'eau-de-vie.

MAXIME. — ***L'alcool est l'engrais de la phtisie.***

EXERCICES D'INTELLIGENCE.

1. — L'alcool est-il un aliment? — A quoi peut-il être assimilé? — Quels sont les effets bienfaisants de l'alcool pris à petite dose? — Qu'arrive-t-il quand on le prend à dose élevée? — Effets produits sur la muqueuse de l'estomac; le foie; les reins; le cerveau; les artères; la circulation et la nutrition; la température du corps. — Conséquences de l'abus de l'alcool au point de vue de la sensibilité et de l'intelligence; des organes des sens; de la volonté; des affections diverses et terribles qui frappent l'alcoolique.

2. — De quoi se tire l'alcool? — Qu'appelle-t-on eau-de-vie de commerce et bouquet artificiel? — Quel est l'effet de ces eaux-de-vie sur la santé des buveurs? — Montrez, par un exemple, que les substances employées comme bouquets sont des poisons violents. — Quelles règles hygiéniques une personne adulte doit-elle observer dans l'usage très restreint et exceptionnel de l'alcool? — Que doivent faire les enfants?

LECTURES.

1. — La tuberculose alcoolique.

Les désordres directs de l'abus des boissons alcooliques ne sont pas les plus redoutables; il en est d'autres plus effrayants encore, car ils se terminent fatalement par la mort, je veux parler de ceux que fait naître la tuberculose.

Sans nier que la tuberculose soit le résultat de l'action d'un microbe particulier, son action ne s'exerce jamais que sur un organisme prédisposé. Or aucune circonstance n'est plus apte à favoriser cette prédisposition que les excès de boissons. Déjà, au siècle dernier, quelques praticiens avaient observé que la phtisie, dans les campagnes, se rencontrait plus particulièrement chez les individus adonnés à des excès de boissons.

L'influence des boissons alcooliques sur la tuberculose repose sur deux ordres de preuves : les phénomènes de cette maladie chez les buveurs, et sa fréquence chez ces mêmes individus. La phtisie du buveur offre, en effet, des caractères propres, tant par sa localisation que par son évolution. Contrairement aux données classiques qui fixent cette localisation au sommet gauche et en avant, la tuberculose du buveur se fixe au sommet droit et en arrière, sous forme de granulations. Le mal se ralentit généralement à la suite d'une première poussée, et si le buveur avait le bon esprit de cesser ses mauvaises habitudes et de s'alimenter d'une façon convenable, il guérirait le plus souvent. Par malheur, il en est rarement ainsi : une seconde puis une troisième poussées surviennent, et la maladie, d'abord peu inquiétante, prend tout à coup une gravité des plus grandes par la dissémination des tubercules.

Chez quelques buveurs, la tuberculose envahit concurremment les poumons, le péritoine, les méninges, et tue avec rapidité principalement les porteurs aux halles, les tonneliers et les camionneurs. Dans tous les cas, les alcools créent tout à la fois une prédisposition générale et une prédisposition locale qui fournissent au bacille de la tuberculose un terrain propre à son développement.

(Docteur Lancereaux, *Bulletin de l'Académie de médecine*, séance du 5 mars 1895.)

2. — Les préjugés dans l'alcoolisme.

Les préjugés peuvent être comptés parmi les causes les plus importantes de l'alcoolisme. J'étais appelé, il y a quelques années, à visiter un enfant de quatorze mois bien constitué, mais un peu amaigri. La mère de cet enfant me fit remarquer que, depuis deux mois, il avait fréquemment des coliques, de la rougeur au visage, qu'il était nerveux, agité la nuit, et que son agitation se manifestait surtout par des cris, des pleurs, des réveils en sursaut. Or, en interrogeant cette femme, j'appris que depuis trois ou quatre mois son enfant buvait du vin de Narbonne ou pur ou coupé avec de l'eau. La substitution du lait à cette boisson ne tarda pas à faire disparaître les accidents, à la grande stupéfaction de la mère de mon petit malade, qui n'y pouvait rien comprendre, attendu, me disait-elle, qu'en Auvergne, son pays, on donnait plus souvent du vin que du lait aux enfants d'un an. Je sais, d'autre part, qu'en Normandie c'est parfois de l'eau-de-vie qu'on administre aux jeunes enfants, uniquement dans le but de les fortifier.

Voilà, dans sa triste réalité, une des causes de la mortalité des jeunes enfants dans certaines provinces de la France. Le même préjugé existe encore pour l'adulte, et bien des gens ne se seraient jamais adonnés aux boissons alcooliques s'ils n'avaient considéré comme nécessaire l'usage de ces boissons. Ce sont des nourrices qui, croyant avoir besoin de se réconforter, se laissent aller à prendre quelques boissons alcooliques, sans se douter qu'elles peuvent nuire à leur nourrisson; puis, à leur insu, le besoin se crée, il devient peu à peu plus puissant et plus impérieux; il se convertit enfin en une passion devant laquelle la volonté la plus énergique devra succomber.

(Docteur LANCEREAUX, *Comptes rendus du Congrès international de l'alcoolisme.*)

3. — Action de l'eau-de-vie de cidre sur l'économie.

L'ivresse produite par l'eau-de-vie de cidre est sombre et farouche. L'ivrogne est insolent et grossier, sa parole est brusque et impérative. Si vous le rencontrez en allant à vos affaires, il vous suit, vous obsède, vous torture et finalement vous menace. Dégagez-vous un peu vivement de cet acolyte de tous les jours, le lendemain vous le rencontrerez silencieux et courroucé; non qu'il éprouve quelque honte à retrouver un témoin de son ivresse de la veille, cette honte lui est inconnue; il veut seulement vous punir de ne pas vous être attardé à écouter ses insanités et vous faire sentir ce manque d'égards.

L'usage très modéré et prolongé de l'eau-de-vie de cidre peut produire l'intoxication. Nous rencontrons chez l'alcoolisé des troubles de l'audition, des vertiges, des fourmillements, de l'affaiblissement musculaire, des crampes, des soubresauts, et parfois de l'épilepsie ; mais l'épilepsie produite par l'eau-de-vie de cidre est toujours curable.

L'eau-de-vie de cidre, beaucoup plus riche en alcool que celle de vin, occasionne souvent le catarrhe chronique de l'estomac et des intestins; mais il est un effet qui est particulier à l'eau-de-vie de cidre : une suffocation dont le mécanisme est encore inconnu. Le buveur se couche dans de bonnes conditions. Tout à coup il s'éveille dans un trouble indéfinissable, il quitte son lit et s'élance vers la croisée, qu'il entr'ouvre : peine perdue, l'air lui manque. Il essaye des inspirations précipitées : vains efforts, sa figure rougit, il frappe les murs, se déchire les chairs, et s'il pouvait encore penser à quelque chose, nul doute qu'il croirait son dernier moment arrivé. Enfin, à un moment donné, sans savoir pourquoi, sans qu'il se soit produit quoi que ce soit chez lui, la respiration suspendue redevient entièrement libre, et le malade reste comme pétrifié, aussi effrayé de ce qu'il a éprouvé que surpris de se voir guéri aussi inopinément.

(D'après le docteur Devoisins, *l'Alcoolisme des campagnes*.)

4. — L'alcoolisme en Normandie.

Un entrepreneur de maçonnerie dépose que ses hommes gagnent de 5 à 6 francs par jour et que chacun d'eux ne dépense jamais moins de 1 franc ou 1 fr. 50 en boissons spiritueuses. « Je suis obligé de les surveiller étroitement, disait-il; car, dès que j'ai le dos tourné, ils quittent leur travail pour aller boire, tant qu'ils ont quelques sous dans la poche. » L'alcool se prend avec le café. Voici ce que demandent après déjeuner deux ouvriers entrant dans un débit : « 4 sous de café et 1 franc de goutte! » On leur apporte les tasses de chicorée et trois quarts de litre d'une eau-de-vie atroce. Il faut qu'il y en ait beaucoup et que cela gratte et chauffe. Les débitants ont trouvé le moyen de les satisfaire et de résoudre cet insoluble problème : ils font de l'eau-de-vie industrielle à 30 degrés ou 35 degrés seulement, ils y ajoutent un peu d'acide sulfurique, et les malheureux qui absorbent cela sont contents!

Des hommes, la passion s'étend aux femmes. L'alcool entre dans le ménage à titre de consommation courante. L'ouvrière, que la fabrique appelle le matin très tôt et retient très tard le soir, simplifie de plus en plus la cuisine du mari et des enfants. Le pain, le café et l'alcool en font la base régulière. Quelquefois le café même est absent. Le matin, la femme coupe des tranches de pain dans la soupière, y verse un litre ou un demi-litre d'eau-de-vie : c'est la soupe des jours de fête et des jours pressés, qui reviennent souvent. Vous pouvez vous représenter ce que devient la jeune génération mise à ce régime. Où sont les beaux gars normands d'autrefois? Vous ne voyez plus défiler dans la rue que des enfants chétifs, scrofuleux, malingres, que guette la tuberculose et qu'emporte la première bronchite. Aussi bien la mortalité infantile est-elle épouvantable. Un de nos amis rencontre dans une famille un pauvre nourrisson presque mourant. Il interroge et apprend que, pour le fortifier, on a remplacé le lait par des grogs et du vin chaud. Un médecin nous affirme que cette hygiène est commune. Un enfant crie; la mère le fait taire avec une bonne lampée d'eau-de-vie qui l'endort et... le tue.

La campagne est envahie à son tour. L'ouvrier des champs gagne 5 à 6 francs par jour. Il boit environ 8 litres de cidre et six ou sept verres d'eau-de-vie; mais ce ne sont pas des verres à liqueur. Le dimanche se passe tout entier au cabaret. Le soir, on voit les hommes ivres-morts égrenés le long des fossés, dans les herbages, ou même au seuil de leur porte, qu'ils n'ont pu franchir. Les jours du marché, qui reviennent deux ou trois fois par semaine, le paysan passe son temps au cabaret et absorbe, à propos de ventes à conclure, ou même sans autre prétexte, de vingt à quarante tasses de café accompagnées de *pousse-café*, de *rincette*, de *surrincette*, de *consolation*, de *gloria* et de *ramulot* à n'en pas finir. Dans le Calvados, à Flers et à Falaise, les travailleurs boivent jusqu'à un litre d'eau-de-vie de cidre par jour, et ils la boivent à grands verres, comme nous ferions de l'eau.

Comment s'étonner, après cela, que la population de ce

département, l'un des plus beaux et des plus riches de France, diminue d'un recensement à l'autre depuis vingt ans, que la race la plus vigoureuse du pays de France dégénère et s'abâtardisse, que la misère augmente, que les maisons d'aliénés deviennent insuffisantes, que les prisons débordent, que la criminalité s'aggrave et que l'industrie normande soit toujours moins capable de lutter avec l'industrie anglaise, dont les ouvriers remplacent de plus en plus l'alcool, qu'ils buvaient autrefois et que maintenant ils laissent aux nôtres, par le thé, le beurre et le rosbif saignant? Y a-t-il une question politique ou financière qui intéresse plus la prospérité et la force du pays que celle-là?

(*Le Temps.*)

DICTÉES.

COURS ÉLÉMENTAIRE.

1. — Opinion des médecins hollandais sur l'usage de l'alcool.

L'usage, même modéré, des boissons spiritueuses est toujours nuisible. L'alcool ne favorise pas la digestion ; au contraire, il lui fait obstacle. L'alcool peut provoquer momentanément le sentiment de la faim, mais non augmenter les forces digestives. Nous ajouterons que quantité d'affections de l'estomac auxquelles on attribue vingt motifs divers n'ont d'autre cause que l'usage habituel des liqueurs alcooliques.

2. — Opinion des médecins hollandais sur l'usage de l'alcool (*suite*).

Cette opinion populaire est également fausse, que les spiritueux sont des stimulants nécessaires ou sans danger par les grands froids ou les chaleurs, chez les individus fournissant un travail musculaire considérable, chez ceux qui s'exposent à un air humide, chez les ouvriers qui travaillent dans l'eau ou dans les marais, chez ceux dont la nourriture est insuffisante. Ces préjugés sont non seulement contraires à l'expérience, mais il est constant que l'usage habituel des boissons alcooliques a précisément des effets opposés à ceux que l'opinion populaire leur attribue.

3. — Opinion des médecins hollandais sur l'usage de l'alcool (*fin*).

Dans toutes les maladies et surtout dans celles à évolution rapide (fièvres, choléra), ceux qui font un usage habituel de liqueurs fortes offrent le moins de chances de résistance.

Pour toutes ces raisons, les spiritueux sont non seulement indignes de figurer comme boissons populaires, mais encore ils sont, à notre sens, les plus redoutables agents destructifs de la prospérité et du développement moral et matériel des masses.

4. — Erreurs et préjugés.

L'alcool n'est pas un aliment. Il ne se décompose pas dans le corps de l'homme pour fournir à tel ou tel organe des particules reconstituantes, ni même, comme on l'a prétendu, pour entretenir la chaleur interne, car il *abaisse* au contraire la température du corps. Il se retrouve en nature dans les organes des animaux qu'on sacrifie après les avoir alcoolisés, dans les organes aussi des alcooliques qui succombent au délire aigu : un de ces malades meurt trois jours et six heures après la cessation de tout excès de boisson ; à l'autopsie, on distille son foie et son cerveau, et l'on voit reparaître l'alcool intact.

5. — Erreurs et préjugés (*fin*).

L'alcool n'est pas un désaltérant. Au contraire, il dessèche, il enflamme les tissus vivants, il leur soutire l'eau dont ils ont besoin d'être imprégnés : de là la soif ardente des animaux alcoolisés et des ivrognes après leurs excès de là aussi les inflammations chroniques du larynx et de l'estomac (enrouements, gastrites) dont les buveurs sont coutumiers.

L'alcool est un mauvais excitant, parce que, dès qu'on dépasse une très faible dose, il agit comme un stupéfiant qui paralyse le cerveau et qui engendre la tristesse ou l'irritabilité.

(AD. COSTE, *Alcoolisme ou Épargne* [1].)

6. — Effets de l'alcool sur les animaux.

Pour constater les effets de l'alcool sur l'organisme, j'entrepris de mêler aux aliments d'un chien une petite quantité d'alcool et d'observer les phénomènes qui se produisaient. Cette expérience, répétée un grand nombre de fois sur des sujets d'âge, de taille et d'espèce différents, donne toujours les mêmes résultats. Le premier jour, l'animal, légèrement excité, saute, jappe, caresse, court, va et vient en tous sens; puis assez rapidement il se montre comme hébété, il tombe dans un état de demi-torpeur; son corps se refroidit, la circulation diminue d'activité; bientôt la paralysie s'empare du train postérieur et va peu à peu en envahissant tous les membres.

7. — Effets de l'alcool sur les animaux (*suite*).

Dès le quinzième jour de cet empoisonnement à petite dose, il survient une susceptibilité nerveuse, une impressionnabilité remarquable. L'animal est inquiet, triste; il écoute, il se tient aux aguets, le moindre bruit le fait tressaillir; il ne répond plus aux caresses, s'éloigne, se cache, cherche à mordre dès qu'on veut le saisir. Vers la fin du premier mois, arrivent les illusions et les hallucinations, qui se transforment en véritable délire. Avec le délire, on voit apparaître, dès le second mois, un tremblement qui, d'abord localisé dans les pattes, se généralise peu à peu, gagne les muscles du tronc et de la tête, et l'on crée ainsi à volonté ce terrible accès de *delirium tremens* que l'homme, hélas! ne craint pas de se donner à lui-même.

8. — Effets de l'alcool sur les animaux (*fin*).

Ce sont là les troubles de l'intelligence et du mouvement; mais avec eux se produisent des lésions graves des

1. FÉLIX ALCAN, éditeur.

centres nerveux, des organes digestifs, des appareils circulatoires et respiratoires: le poison s'est répandu partout, et partout il a laissé des traces de son passage.

La même expérience, faite avec l'absinthe au lieu d'alcool, donne des résultats plus effrayants encore et plus rapides. Au bout de très peu de jours, l'animal est saisi de secousses musculaires et de vertiges épileptiques. Vingt centigrammes d'essence d'absinthe injectés dans les veines d'un chien produisent instantanément de véritables accès d'épilepsie. (Docteur MAGNAN.)

9. — Influence des sports sur l'alcoolisme.

L'ivrognerie était autrefois la plaie des universités anglaises. On voyait, dit-on, des jeunes gens s'enfermer dans leurs chambres pour s'y enivrer à froid. Aujourd'hui ce vice y est devenu extrêmement rare, à mesure que le goût du sport a augmenté. La raison de ce résultat est aisée à comprendre : pour avoir chance de triompher dans une épreuve athlétique quelconque, il faut s'astreindre à subir une préparation spéciale qui s'appelle l'entraînement; or l'entraînement prescrit rigoureusement de se priver d'alcool. (Docteur LAGRANGE.)

10. — Avis sur les dangers de l'alcoolisme.

L'alcool produit par une fermentation régulière, quelle que soit son origine (vin, bière, cidre, etc.), est une substance dont l'usage modéré est sans inconvénient notable. Pris au delà d'une certaine dose, il devient un poison qui a les effets les plus funestes sur la santé physique et morale de la population, et, subsidiairement, sur les dépenses croissantes d'assistance pour les hôpitaux et pour les asiles d'aliénés.

Le danger est augmenté, soit par l'existence d'impuretés dans les alcools mal ou non rectifiés, soit par l'addition de bouquets artificiels et essences diverses, toutes substances qui sont de vrais poisons.

La solution hygiénique du problème de l'alcoolisme consiste donc à la fois à diminuer le plus possible le chiffre de la consommation et la toxicité du produit consommé.

(SOCIÉTÉ DE MÉDECINE PUBLIQUE ET D'HYGIÈNE PROFESSIONNELLE.)

11. — L'alcool, voilà l'ennemi.

L'alcool, voilà l'ennemi. Ayons pour l'alcoolisme une profonde aversion. Ressentons pour cette passion honteuse et avilissante une horreur indignée. Regardons l'alcoolisme comme un fléau plus redoutable que les épidémies et les guerres les plus terribles. Détestons l'alcoolisme comme quelque chose d'odieux, qui foule aux pieds la dignité humaine et les plus chers intérêts de la société. Oui, l'alcool, c'est l'ennemi qu'il faut attaquer et vaincre par l'abstinence.

DICTÉES.

COURS MOYEN ET SUPÉRIEUR.

1. — Préjugé de l'alcool régénérateur des forces.

Si l'alcool donnait réellement des forces, comment expliquer que tous ceux qui veulent sérieusement *s'entraîner* dans quelque sport que ce soit doivent s'en interdire l'usage? Notons que cette abstinence est le résultat de l'expérience.

Les guides des montagnes suisses, qui avaient pendant longtemps pratiqué l'usage des liqueurs, prennent maintenant de préférence du café noir ou du thé froids dans leurs pénibles ascensions : ils ont reconnu que l'alcool *coupe les jambes*. Les boxeurs anglais s'en abstiennent. Terront, le bicycliste vainqueur dans la course de Paris-Brest, ne prit aucune boisson alcoolique durant la course. De même Weston, qui parcourut à pied 7445 kilomètres en cent jours; le capitaine Webb, qui traversa la Manche à la nage; etc.

2. — Préjugé de l'alcool régénérateur des forces (*fin*).

Il suffit, pour être définitivement fixé sur la légende de

l'alcool régénérateur des forces, d'interroger les champions les plus réputés de l'aviron, de la nage, de la marche, de l'athlétisme. Pour eux, les véritables boissons excitantes sont le café, le thé; ils se refusent à y ranger l'alcool.

L'alcool, dans les pays froids, est tout aussi inutile, tout aussi dangereux. Ce qu'il faut aux voyageurs soumis à des froids rigoureux, comme aux soldats et aux travailleurs qui se surmènent, ce n'est point de l'alcool, ce n'est point un narcotique qui endorme les sensations de froid et de fatigue et donne l'illusion d'un fortifiant, ce sont des matières grasses et sucrées.

(D'après P. Sérieux, F. Mathieu, Choisy, Fick, Bunge.)

3. — Un pauvre argument en faveur des boissons alcooliques.

Mais, de tout temps, vient-on dire, on a bu des boissons alcooliques : pourquoi renoncer à un usage vieux comme le monde? C'est là un argument déplorable et de nulle valeur. Certes, dans l'antiquité, des nations entières, comme les Scythes et les Thraces, se livraient à l'ivrognerie; certes, les Hébreux étaient grands vignerons devant l'Éternel; ils savaient même fabriquer une boisson spiritueuse, le schekhâr, dont le degré alcoolique ne semble pas avoir été inférieur à celui de nos vins-liqueurs les plus corsés; mais ce qu'il faut ajouter, c'est que les peuplades scythes et thraces étaient méprisées du monde grec; que, chez les Israélites, il était défendu *sous peine de mort* à l'élite de la nation, les prêtres et les Nazaréens, de boire le schekhâr et même le vin.

4. — Un pauvre argument en faveur des boissons alcooliques (*fin*).

En somme donc, si l'emploi des boissons alcooliques remonte à la plus haute antiquité, dès les premiers siècles aussi on en a reconnu les inconvénients et réprouvé l'abus, voire même l'usage alimentaire. Ajoutons enfin que l'usage des boissons alcooliques les plus dangereuses, les boissons distillées, est resté inconnu jusqu'aux temps modernes. Il n'y a guère que deux siècles que la vente des eaux-de-vie se fait, en France, publiquement dans les rues, au lieu d'être réservée comme autrefois aux pharmaciens.

(P. Sérieux et F. Mathieu, *l'Alcool*[1].)

5. — Action de l'eau-de-vie sur l'estomac.

Introduite dans un estomac vide, l'eau-de-vie, même à dose très modérée, le congestionne, excite ses contractions et augmente la sécrétion des sucs digestifs. Ces effets directs, beaucoup moins prononcés lorsque l'estomac est rempli d'aliments, sont d'ailleurs passagers et disparaissent sans laisser de traces, si l'ingestion de l'eau-de-vie est un fait accidentel. Mais si ce fait se produit fréquemment, et surtout s'il devient habituel, la rougeur congestive est plus vive, plus persistante; une véritable inflammation se développe, les sucs digestifs deviennent plus rares et font place à des liquides plus nuisibles qu'utiles au travail de la digestion; puis, à la longue, on voit succéder à l'inflammation, tantôt un travail d'ulcération, tantôt, et plus souvent, un épaississement qui, en paralysant les mouvements de l'estomac et en arrêtant ses sécrétions normales, le rendent incapable de digérer.

6. — Action de l'eau-de-vie sur l'estomac (*fin*).

A ces états anatomiques correspond une succession d'accidents, tels que la sensation de chaleur et de brûlure au creux de l'estomac; le rejet, par des efforts de vomissements, de liquides plus ou moins abondants, tantôt fades, tantôt acides ou âcres (*pituite des buveurs*); la perte d'appétit, la lenteur du travail de la digestion; plus tard, des douleurs d'estomac se prolongeant sous les côtes et jusque dans le dos, avec de grandes différences d'intensité et de nature, depuis le pincement ou la pesanteur jusqu'aux plus atroces déchirements; en un mot, des troubles digestifs d'une gravité croissante et pouvant à

1. Félix Alcan, éditeur.

eux seuls amener la mort par épuisement, avec ou sans complication extrême de phtisie pulmonaire ou de cancer.

(ACADÉMIE.)

7. — Les bouquets artificiels des alcools.

Les alcools ne sont pas seulement nuisibles par eux-mêmes, ils le sont encore davantage par la sophistication. Une industrie coupable altère les alcools par l'adjonction de substances étrangères qui sont des plus funestes.

Quelques alcools renferment de l'acide sulfurique provenant de leur fabrication, et que les distillateurs ont bien soin de laisser, parce que cet acide donne aux eaux-de-vie un certain montant très recherché d'un grand nombre de consommateurs. Ils trouvent l'eau-de-vie meilleure quand elle brûle le palais et racle la gorge.

Certains rhums provenant de la distillation des sucres de canne sont dédoublés avec des alcools de mauvais goût, et on leur donne ensuite leur bouquet avec un poison actif.

8. — Les bouquets artificiels des alcools (*suite*).

Pour communiquer du montant aux eaux-de-vie, un goût plus fort, plus piquant, on les corse très souvent avec des substances excitantes : poivre, alun, acide acétique ou acide sulfurique.

Pour produire artificiellement le bouquet des eaux-de-vie, on leur ajoute, outre ces substances, de l'ammoniaque, de l'acétate d'ammoniaque et aussi du savon.

Le bouquet des eaux-de-vie est trop fréquemment constitué par une mixture encore plus détestable, une horrible drogue. On fait un mélange d'huile de ricin, de beurre, d'huile de coco et autres matières grasses. On traite le tout par l'acide nitrique, et l'on transforme ainsi ces matières en acides qu'on mélange ensuite avec des alcools divers.

Il suffit de 100 à 150 grammes de ce produit pour parfumer 1000 hectolitres d'alcool; mais, en revanche, il suffit d'injecter 1 centigramme de ce bouquet à un gros chien de Terre-Neuve pour le tuer en onze minutes.

9. — Les bouquets artificiels des alcools (*fin*).

D'autres fois, pour augmenter la densité des alcools et des eaux-de-vie, diminuer leur force et, par suite, tromper l'octroi, on leur ajoute du chlorure de calcium. Dans ce but, les droits n'étant payés que sur l'alcool brut, on additionne les mélanges d'alcool avec de l'essence de térébenthine, de la benzine ou des pétroles légers.

Pour clarifier les eaux-de-vie de grains et de fécule, on se sert d'acétate de plomb.

Les alcools peuvent encore renfermer des sels de cuivre et de plomb, provenant soit de leur conservation dans des récipients de cuivre mal étamés, soit de la négligence avec laquelle certains fabricants entretiennent leurs appareils distillatoires, soit de l'emploi de serpentins construits avec un alliage de plomb et d'étain.

(Docteur GADAUD, *Rapport à la Chambre des députés*, 1887.)

10. — L'alcoolisme et ses causes.

A la Chambre, dans la dernière discussion de la loi sur le régime des boissons, mon collègue de la faculté de médecine, M. Lannelongue, a fort bien mis en lumière les effrayants progrès de l'alcoolisme et les causes réelles du fléau, la mauvaise qualité des alcools consommés. Il a cité des statistiques bien connues de tous ceux qui étudient la question; mais elles ont été pour la Chambre une véritable révélation, une révélation qui a vivement impressionné tout le monde : par exemple, la statistique du docteur Baer, qui attribue à l'alcoolisme les deux tiers des assassinats, les trois quarts des rébellions et des violences, plus de la moitié des cas de folie, et ainsi de suite. Il a cité des faits déplorables observés partout, même dans les campagnes les plus lointaines : la diminution de la natalité, les maladies ordinairement bénignes devenant mortelles chez les alcooliques, les femmes aussi finissant par prendre goût au poison, les hommes devenant incapables de défendre la patrie, et la race française menacée dans son existence même.

11. — L'alcoolisme et ses causes (*suite*).

Un de mes amis racontait ce qu'il venait d'observer dans la région montagneuse du sud-est, qu'il connaît particulièrement : des cantons fournissant à peine quatre ou cinq conscrits bons pour le service militaire, parce que l'alcool avait fait de tous les autres des infirmes. Si cela continue, qui donc défendra la frontière, et avais-je tort de dire dans mes conférences de 1886 que, si l'on n'arrêtait pas les ravages de l'alcoolisme, la population des frontières deviendrait bientôt physiquement incapable de déployer la même énergie patriotique qu'en 1870? Avais-je tort de proclamer, il y a dix ans, comme on me l'a tant reproché, « qu'il faut absolument trouver un remède, sous peine de voir la moitié de l'Europe subir le sort des races océaniennes détruites par l'*eau de feu* venue d'Europe, l'alcool non rectifié »?

12. — L'alcoolisme et ses causes (*suite*).

Il faut soigneusement distinguer la vieille ivresse gaie du bon vin et le morne alcoolisme engendré par les poisons variés d'aujourd'hui. Celui-ci est une déchéance physique et morale de la race; il engendre la criminalité et la folie, en même temps qu'une foule de maladies que le public n'est point tenté d'abord de lui attribuer, comme les maladies de foie. On peut boire dans le vin, sans en éprouver d'accident, une quantité d'alcool absolu qu'il est absolument impossible de supporter dans les eaux-de-vie et liqueurs modernes d'origine industrielle. Il ne manque pas de Bourguignons buvant à l'occasion trois litres de vin par jour. Ces trois litres de vin contiennent quatre dixièmes de litre d'alcool absolu, juste la même quantité qu'il y a dans un litre d'eau-de-vie. Or, tout le monde sait qu'on ne peut pas boire impunément un litre d'eau-de-vie par jour. Il faut donc bien que l'alcool ne soit pas le même dans les deux cas.

13. — L'alcoolisme et ses causes (*suite*).

L'explication est fort simple. L'alcool ordinaire, le vieil

alcool éthylique, n'est pas seul de sa race. Il a une nombreuse famille de frères et de cousins, tous plus ou moins vicieux et qui ont mal tourné. Ses frères, ce sont les alcools que la chimie appelle supérieurs, alcools amylique, méthylique, butylique, etc.; ses cousins, ce sont des aldéhydes variés, des éthers, des essences de tout genre. Dans les alcools d'industrie, ces frères et ces cousins de l'alcool éthylique lui font cortège, en proportion assez minime, il est vrai. Ce sont eux qui engendrent l'alcoolisme, parce qu'ils sont beaucoup plus nuisibles que l'alcool éthylique. Le fait est démontré scientifiquement par des expériences irréfutables. Insistons sur les faits principaux, pour mieux préciser la question.

14. — L'alcoolisme et ses causes (*suite*).

Des expériences qui sont restées classiques ont établi le degré de toxicité relative des différents alcools mêlés à l'alcool éthylique et ont montré l'action toxique ou convulsivante d'autres impuretés, comme les aldéhydes ou les éthers.

Citons seulement un seul chiffre, pour plus de clarté : la dose d'alcool amylique capable d'entraîner immédiatement la mort est cinq fois moins grande que la dose nécessaire d'alcool éthylique pur; mais la différence est beaucoup plus grande, en réalité, à cause de la différence de volatilité de ces deux alcools. Ce qui agit sur l'organisme, c'est la quantité d'alcool qui s'y trouve accumulée à un moment donné. Or l'alcool éthylique, qui bout à 79 degrés, se trouve placé dans le corps à une température assez voisine de son point d'ébullition pour s'évaporer rapidement. C'est ce qui arrive, en effet; l'ivrogne exhale promptement par la respiration la plus grande partie de l'alcool éthylique qu'il a absorbé, ce qui donne à son haleine une odeur si caractéristique.

15. — L'alcoolisme et ses causes (*suite*).

L'alcool amylique, au contraire, ne bout qu'à 142 degrés; de sorte qu'il se trouve dans le corps à plus de 100 degrés de distance de son point d'ébullition; or c'est une loi physique bien connue que l'évaporation d'un corps est d'autant plus faible, à une température donnée, qu'il est plus éloigné de sa température d'ébullition. L'alcool amylique introduit dans l'organisme ne s'évapore donc presque pas : une fois entré, il y reste. La dose du jour s'ajoute à celle de la veille; de sorte que les doses journalières très faibles amènent, à la longue, une accumulation considérable d'alcool amylique dans l'organisme, tandis que l'alcool éthylique n'aurait fait que le traverser.

16. — L'alcoolisme et ses causes (*fin*).

Cette comparaison de l'action des deux alcools explique pourquoi l'alcoolisme doit être produit par l'alcool amylique, et l'ivresse par l'alcool éthylique. L'ivresse, en effet, est un phénomène passager disparaissant avec les vapeurs de la liqueur qui l'a produit; l'alcoolisme, au contraire, est une modification permanente de l'organisme qui se produit peu à peu, à la longue, et correspondant parfaitement au mode d'action de l'alcool amylique.

Pour entraîner la mort immédiate d'un homme, il suffit de 130 grammes d'alcool amylique administrés en une seule fois; ce n'est pas une quantité bien énorme. Il est vrai que cet alcool éminemment dangereux n'entre qu'en proportion assez faible dans la plupart des liqueurs consommées; mais l'accumulation des doses journalières que nous venons d'expliquer permet de comprendre comment elles suffisent pour engendrer l'alcoolisme.

Tous ces faits, je les mets en lumière dans mes conférences par des expériences sur des petits cochons d'Inde ou sur des chiens qui ne laissent de doute à personne.

(Em. Alglave, *le Monopole de l'alcool*. Document législatif.)

17. — Tuberculose, alcoolisme et dépopulation.

Aidé de la tuberculose, l'alcoolisme est depuis longtemps l'une des principales causes de la dépopulation dans un certain nombre de régions. La réunion de ces causes, beaucoup plus que le fer et le feu, a contribué à réduire de plus en plus le nombre des indigènes de l'Amérique du Nord et de l'Amérique du Sud.

Mais il suffit d'examiner ce qui se passe chez nous pour reconnaître que l'alcoolisme est une cause de dépopulation. Si l'on y regarde de près, on reconnait que la Normandie, contrée où l'on distille une grande quantité d'eau-de-vie, est une de celles où l'alcoolisme exerce les plus grands ravages. Là règne le préjugé qu'il est nécessaire d'administrer du vin et des liqueurs aux jeunes enfants pour les fortifier. Cette fâcheuse habitude de nourrir les enfants autrement qu'avec du lait, venant se joindre aux excès alcooliques si communs en Normandie, est, sans aucun doute, une des principales sources de la dépopulation de cette riche province.

(Docteur Lancereaux, *De l'alcoolisme et de ses conséquences.*)

18. — Convulsions et alcoolisme.

Tout le monde sait qu'un certain nombre d'enfants de l'un et de l'autre sexe sont manifestement prédisposés aux convulsions. Or interrogez les antécédents paternels ou maternels de ces enfants, et la plupart du temps vous trouverez que les parents ont abusé des boissons alcooliques.

Parmi les nombreux faits que je connais, je n'en citerai qu'un seul. Il y a quatre ans, j'étais appelé en toute hâte auprès d'un jeune garçon de sept ans qui, à la suite de son déjeuner, avait été pris de convulsions de forme épileptique. Lors de mon arrivée, ce jeune garçon était immobile et tellement pâle que je le crus mort. J'allais me retirer quand la mère m'apprit que son fils était tout à fait bien portant une demi-heure plus tôt; je le découvris alors et je me mis à pratiquer la respiration artificielle, qui lui rendit ses couleurs. Mais bientôt survint un accès de convulsions générales, et l'enfant retomba de nouveau dans un état de mort apparente. Les convulsions reparurent, puis cessèrent, et ainsi de suite pendant quatre heures.

19. — Convulsions et alcoolisme (*fin*):

Or ce jeune enfant, quelques jours plus tard, rendait, après l'administration de la santonine, deux énormes lombrics. Aujourd'hui je soigne le père ; il est depuis longtemps adonné aux liqueurs alcooliques, passion qui lui a été transmise par ses ancêtres. Né d'un père alcoolique, l'enfant dont il est question présentait une excitabilité très grande, et la présence des vers dans l'intestin put suffire à développer chez lui des convulsions qui mirent ses jours en danger. Cette histoire est commune, et le jour où l'on se donnera la peine de rechercher la cause des convulsions de l'enfance, on trouvera qu'elles ont fréquemment leur origine dans les fâcheuses habitudes des parents.

(Docteur LANCEREAUX; *De l'alcoolisme et de ses conséquences.*)

20. — Une liqueur trompeuse.

L'alcool, quand il est pris par grandes quantités, a bientôt raison des constitutions les plus robustes et des intelligences les plus droites. Les exemples ne sont pas rares de ces décadences rapides, de ces chutes aussi profondes que subites. La fréquence d'un pareil spectacle constitue même le plus grave des dangers, parce que la population s'y habitue, et que la partie saine assiste indifférente à l'étalage public des dégradations les plus scandaleuses et les plus révoltantes. On professe pour les alcooliques la même indulgence que pour les fous. Et pourtant ce n'est point quand il accomplit son œuvre avec cette brutalité que l'alcool est le plus redoutable.

21. — Une liqueur trompeuse (*fin*).

L'alcool est surtout dangereux quand il procède par petites doses, quand il s'insinue dans les ménages à titre de cordial, quand il pénètre dans l'alimentation quotidienne. Presque toujours alors l'alcool remplace insensiblement les aliments indispensables. Les doses deviennent plus fortes, et les rasades plus fréquentes. L'habitude établit son empire. A ce moment fatal, la famille est bien exposée, si déjà elle n'est totalement perdue.

Les gars que le service militaire ou le besoin de chercher fortune arrache à ce milieu emportent souvent avec eux l'habitude invétérée. Beaucoup d'entre eux en deviennent victimes.

(Claude (des Vosges), *l'Alcoolisme à la frontière.*)

22. — La consommation d'alcool en Normandie et en Belgique.

Mieux vaudrait assurément de véritables alcools, fussent-ils à 50 degrés, que les mixtures sans nom dont la plus anodine constitue à la longue un poison, et que l'ouvrier normand ne se contente pas d'absorber pures, mais qu'il mêle à son cidre ou à sa bière. Car, à l'auberge, ce n'est pas seulement le débitant qui falsifie les boissons; après lui vient le consommateur au palais blasé : n'assure-t-on pas qu'en Belgique l'ouvrier terrassier ajoute à son genièvre quelques gouttes d'acide sulfurique?

En tout cas, pour un adulte belge ou normand, une consommation de 20 litres d'alcool pur, par an, n'a rien que d'ordinaire. L'ouvrier normand laisse au cabaret la moitié de son salaire quotidien.

(Claude (des Vosges), Commission extraparlementaire de 1887.)

PROBLÈMES.

COURS ÉLÉMENTAIRE.

1. — Dans une ville de 4794 habitants, la consommation annuelle en alcool s'est élevée en moyenne à 2^{l},60 par habitant; combien faudrait-il de pièces de 2^{hl},15 chacune pour contenir l'alcool consommé en un an dans cette ville?

Calculs. — 2,60 × 4794 = 12 464^{l},4 ; 12 464,4 : 215 = **58**, par excès.

2. — Un ouvrier a touché 80 francs pour sa quinzaine, et ne rapporte chez lui que 78 francs, parce qu'il vient de payer au marchand de vins le 1/3 de la dépense qu'il a faite chez lui pendant ce temps. Combien cet ouvrier a-t-il dépensé inutilement à l'auberge pendant sa quinzaine? Combien en moyenne par jour?

CALCULS. — 80 — 78 = 2 francs; 2 × 3 = **6** francs; 6 : 15 = **0f,40**.

3. — Les petits ruisseaux, dit-on, font les grandes rivières. Un ouvrier consomme le matin un petit verre de 10 centimes, et fume en moyenne pour 17 centimes de tabac par jour. Quelle économie aurait-il pu faire en vingt ans, en se privant de tabac et d'eau-de-vie? (On comptera 5 années bissextiles.)

CALCULS. — 365 × 15 = 5475 jours; 366 × 5 = 1830 jours; 5475 + 1830 = 7305 jours; 0,27 × 7305 = **1972f,35**.

4. — 1g,20 d'aldéhyde acétique (substance contenue dans les bas alcools) tuent expérimentalement 1 kilogramme d'animal. Évaluer la dose de cette substance que doit prendre une personne du poids de 80 kilogrammes pour se tuer.

CALCULS. — 1,20 × 80 = **96** grammes.

PROBLÈMES.

COURS MOYEN ET SUPÉRIEUR.

1. — En 25 jours, un fumeur consomme 1/2 kilogramme de tabac valant 12f,50 le kilogramme; il dépense, en outre, chaque dimanche, 1f,50 au cabaret. On demande : 1° ce que coûtent annuellement à cette personne ces mauvaises habitudes; 2° combien de litres de vin il pourrait acheter avec l'argent ainsi employé par an, si un hectolitre de vin coûte 40 francs. (Certificat d'études primaires; Seine-Inférieure.)

CALCULS. — (0,500 × 365) : 25 = 7Kg,3; 12,50 × 7,3 = 91f,25; 1,50 × 52 = 78 francs; 91,25 + 78 = **169f,25**; 169,25 : 40 = **4hl,231**.

2. — Un hôpital renferme 100 individus atteints au même degré d'une grave affection et parmi lesquels on compte 60 alcoolisés. Or la mortalité sur ces derniers a été de 15 0/0, tandis qu'elle ne s'est élevée, pour les autres, qu'à 10 0/0 du nombre des malades. Dire le nombre des décès ayant eu lieu dans chaque catégorie de malades.

Calculs. — 60 × 0,15 = **9**; 40 × 0,10 = **4**.

3. — D'après la statistique du docteur Alison, la terrible cirrhose alcoolique se répartit de la façon suivante : sur 286 alcooliques de la campagne, 3 cas; sur 244 alcooliques ouvriers non sédentaires, 7 cas; sur 75 alcooliques ouvriers sédentaires, 3 cas. Évaluer à combien pour 100 s'élève le nombre de cas de cirrhose dans chaque catégorie de travailleurs.

Calculs. — (3 × 100) : 286 = **1,05** par excès; (7 × 100) : 244 = **2,87** par excès; (3 × 100) : 75 = **4**.

4. — Un ouvrier a fait 146 francs de bénéfice en une année ordinaire en se privant de son petit verre quotidien. Quelle quantité d'eau-de-vie buvait-il donc par jour, sachant que le marchand de vin faisait sur cet ouvrier un bénéfice de 71 francs et payait l'eau-de-vie qu'il lui servait à raison de 150 francs l'hectolitre, tous frais compris. (Certificat d'études primaires; Loiret.)

Calculs. — 146 — 71 = 75 francs; $\frac{100 \times 75}{150}$ = 100 : 2 = 50 litres; 50 : 365 = **0l,137**, par excès.

DEVOIRS DE RÉDACTION.

1. — Vous avez entendu dire à des ouvriers que le petit verre d'eau-de-vie pris le matin, à jeun, *tue le ver*. Écrivez à votre ami pour lui prouver que l'habitude de l'alcool vide la bourse, ruine la santé, fait prendre le travail en dégoût et peut même conduire au crime. (Certificat d'études primaires; Basses-Pyrénées.)

2. — Vous venez de lire, dans un journal quotidien, un pari stupide entre ouvriers attablés. L'un d'eux a parié de vider sans désemparer un litre d'eau-de-vie plein. Il a tenu son pari, mais il est tombé raide mort. Vous raconterez et vous expliquerez ce fait divers dans une lettre à l'un de vos amis. (Certificat d'études primaires; Pas-de-Calais.)

AUTRES DEVOIRS DE RÉDACTION.

COURS MOYEN ET SUPÉRIEUR.

3. — Qu'entendez-vous par boissons distillées? Parlez de la distillation, et dites ce qui se fait et ce qui se passe. Qu'appelle-t-on alcools naturels? alcools d'industrie? Quels sont les principaux alcools naturels?

4. — Pourquoi les alcools d'industrie sont-ils plus mauvais que les alcools naturels? Comment peut-on faire usage de ces derniers? Que pensez-vous de l'usage, même à titre exceptionnel, des alcools dits d'industrie ou de commerce?

5. — Parlez des essences qui entrent dans la composition des alcools de commerce. Faites comprendre leur pouvoir toxique extraordinaire par quelques exemples.

6. — Quelle est l'action funeste de l'alcool sur l'estomac? Quels troubles digestifs produit-il, et quelles sont les affections qui en sont la conséquence?

7. — Quelle est l'action funeste de l'alcool sur le cœur et sur le foie? Quels troubles et quelles affections cette action funeste produit-elle?

8. — Parlez des désordres produits par l'alcool sur les poumons et sur le cerveau. Quels sont les troubles et les maladies qui peuvent en résulter?

9. — Qu'entendez-vous par tremblement alcoolique? Décrivez-le. Ce tremblement n'est-il pas particulièrement dangereux pour l'ouvrier qui travaille de ses mains? En quoi et pourquoi?

10. — Bien des préjugés existent relativement à l'alcool. Que pensez-vous de l'alcool *régénérateur des forces?* Établissez par des faits précis que tous ceux qui se livrent aux différents sports sont des abstinents.

11. — Montrez que, contrairement aux croyances populaires, l'alcool n'est ni un aliment, ni un désaltérant, et qu'il n'est tout au plus qu'un mauvais excitant.

12. — Que pensez-vous du raisonnement suivant : « De tout temps on a bu des boissons alcooliques. Pourquoi renoncer à cet usage vieux comme le monde? » Réfutez-le et montrez bien qu'il est un pauvre argument en faveur des boissons alcooliques.

7e LEÇON. — Boissons distillées additionnées d'essence : absinthe; graves dangers de leur usage.

PLAN.

Absinthe commune, fabriquée avec des alcools à vil prix, mal distillés, peu ou point rectifiés, auxquels on ajoute l'arome de plantes infusées (absinthe, anis, badiane, fenouil, hysope, citronnelle, coriandre, mélisse, menthe, angélique, etc.), ou de bouquets artificiels provenant d'essences des mêmes plantes. Dans les absinthes inférieures, ce sont des colorants chimiques, et même des résines qui sont employés pour colorer la liqueur en vert ou la faire blanchir dans l'eau. Toutes ces substances et tous ces extraits de plantes sont des poisons, et ont un pouvoir, les uns épileptique, les autres soit convulsif, soit stupéfiant, soit abrutissant.

L'usage de l'absinthe conduit à un genre d'alcoolisme, plus redoutable encore, appelé absinthisme.

L'absinthisme se constate après quelques mois seulement d'excès de boissons distillées, additionnées d'essences. L'usage quotidien de deux verres d'absinthe est certainement suffisant pour produire l'absinthisme au bout d'un an; sur quelques tempéraments, cette même ration journalière pendant quelques mois conduit au même résultat. Donc la période de temps nécessaire pour produire l'absinthisme est toujours relativement courte.

Le danger est d'autant plus grand que la consommation des apéritifs croît, en France, dans des proportions considérables et inquiétantes; elle a plus que doublé en sept ans, de 1885 à 1892 : 57 732 hectolitres en 1885 contre 129 670 hectolitres en 1892 (quantités calculées en alcool pur).

« Toutes les classes de la société usent largement d'absinthe... Le paysan n'est pas resté en arrière dans ce mouvement... Actuellement la bouteille d'absinthe a pris la place d'honneur dans la vitrine du cabaret du hameau le plus isolé de France. » (*Bulletin de la Société française de tempérance*, n° 3 de 1897.)

Cependant les effets de l'absinthisme sont terribles. Il engendre de toutes pièces l'épilepsie. Si les actes violents et criminels sont communs à tous les alcooliques, ces actes sont particulièrement fréquents chez les buveurs d'absinthe, qui finissent souvent par la tuberculose. « L'absinthique tue en obéissant à une impulsion souvent soudaine, irrésistible, inconsciente, automatique, et, sous l'influence d'hallucinations terrifiantes..., il tue le premier homme que ses interprétations délirantes lui montrent comme l'agresseur. » (Docteur LABORDE.)

L'absinthisme se distingue de l'alcoolisme par ses désordres, qui affectent tout particulièrement la sensibilité générale et les facultés mentales : sensations diverses de picotement, de fourmillement, de brûlure, de tiraillement et d'élancement douloureux; insomnies, cauchemars, crampes, tremblement; affaiblissement de la force musculaire et des facultés intellectuelles et morales; hallucinations avec préférence particulière pour ce qui est désagréable, pénible ou terrifiant; organes des sens troublés, surtout ceux de la vue et de l'ouïe.

Le vermout, le bitter, etc., sont tout aussi malfaisants que l'absinthe, et produisent des effets identiques sur l'organisme.

S'abstenir absolument des *boissons dites apéritives.*

DIRECTIONS PÉDAGOGIQUES.

Ne pas craindre, comme pour l'alcoolisme, d'être convaincant, et d'inspirer aux enfants l'horreur de la *belle aux yeux verts.*

Faire distinguer quelques-unes des plantes employées pour fabriquer les apéritifs (herbier de l'école, ou jardins et champs).

RÉSUMÉ.

L'absinthe commune est fabriquée avec des alcools à bas prix auxquels on ajoute soit l'arome de plantes infusées, soit des bouquets artificiels provenant des mêmes plantes. Dans les absinthes inférieures, on remplace l'un et les autres par des colorants chimiques et même par des résines. Toutes ces substances et tous ces extraits sont des poisons qui ont le pouvoir convulsif ou stupéfiant.

L'alcoolisme spécial qui résulte de l'usage de l'absinthe est l'absinthisme. L'absinthisme se produit dans un temps toujours relativement court, et le danger qui en résulte est d'autant plus grand que la consommation des apéritifs suit, en France, une marche ascendante inquiétante, et qu'elle s'étend à toutes les classes de la société.

Les effets de l'absinthisme sont terribles: épilepsie,

hallucinations terrifiantes, actes de violence et de criminalité, tuberculose. L'absinthisme se distingue surtout de l'alcoolisme ordinaire par ses désordres sur la sensibilité générale et les facultés mentales.

Le vermout, le bitter, etc., sont tout aussi malfaisants que l'absinthe et produisent les mêmes effets sur l'organisme.

On doit rigoureusement s'abstenir de l'usage des apéritifs.

MAXIME. — ***Prendre un apéritif avant le repas, c'est s'ouvrir l'estomac avec une fausse clef.***

(Docteur TROUSSEAU.)

EXERCICE D'INTELLIGENCE.

Avec quoi se fabrique l'absinthe commune? — Et l'absinthe inférieure? — Que pensez-vous de l'emploi de toutes les substances et de tous les extraits des plantes qui entrent dans les boissons distillées avec essences? — A quoi conduit l'usage de l'absinthe? — Dans quelles conditions se produit l'absinthisme? — L'usage des apéritifs est-il répandu en France? Est-il spécial à certaines classes de la société et aux grands centres? — Quels sont les effets terribles de l'absinthisme? — Par quoi surtout se distingue-t-il de l'alcoolisme? — Que dites-vous des autres apéritifs appelés vermout, bitter, etc.? — Quelle règle sévère d'hygiène et de conduite faut-il adopter concernant les boissons dites apéritives?

LECTURES.

1. — L'absinthisme chronique.

Les personnes qui font un usage continu et prolongé de la liqueur d'absinthe présentent des désordres qui intéressent tout particulièrement la sensibilité générale et les facultés mentales.

Les désordres de la sensibilité, en raison de leur importance, méritent de figurer au premier plan : ils sont comparés, par les malades, à des sensations de picotement, de fourmillement, de brûlure, ou encore à des tiraillements et à des élancements douloureux.

Les picotements sont des impressions douloureuses, analogues à celles que détermine la piqûre de milliers d'épingles que l'on appliquerait aux extrémités des membres. Les fourmillements sont des sensations comparables à celles que produiraient un nombre infini de fourmis se promenant à la surface de la peau. Les sensations de brûlure, ordinairement légères, peuvent être cependant violentes à la plante des pieds et dans le voisinage des articulations. Les élancements douloureux sont comparés, par les malades, à des coups de canif ou à des coups de lance qui ont pour siège plus spécial les articulations des membres. Les sensations de tiraillement et de déchirure, plus profondes et plus pénibles, sont tellement insupportables dans certains cas qu'elles provoquent des cris, et que les malheureux qui les ressentent trouvent, pour les dépeindre, des expressions particulières souvent fort pittoresques : l'un prétendait que chaque nuit on lui enfonçait des canifs dans les mollets et qu'on lui lardait les jambes; un autre nous disait qu'il s'opérait dans ses muscles un véritable travail, semblable à celui du menuisier qui répare un fauteuil, et qu'il éprouvait des déchirements, des tiraillements indescriptibles. Les extrémités des membres sont le siège d'une sensibilité extrême : le pincement le plus léger, une piqûre et parfois même la simple application du doigt sur la peau donnent lieu à des douleurs tellement pénibles qu'elles font jeter des cris aux malades, qui se renversent, se tordent, retirent et fléchissent fortement les jambes.

Les facultés mentales sont toujours altérées: la mémoire s'affaiblit; la conception se ralentit; les travaux de l'esprit deviennent pénibles; l'insomnie est habituelle; le sommeil est troublé par des rêves terrifiants, par des visions qui fatiguent le malade et sont suivies de réveil en sursaut et de sueurs plus ou moins profuses.

Mais ce qui distingue l'absinthisme, c'est surtout l'hallucination. Ce symptôme porte soit sur les occupations journalières du buveur d'absinthe, soit sur ses préoccupations dominantes, anciennes ou récentes, avec une préférence particulière pour ce qui est désagréable, pénible ou terrifiant. Ainsi les malades voient des fantômes hideux, des animaux féroces prêts à les dévorer, d'affreux précipices qui vont les engloutir; ils sont tellement effrayés parfois qu'ils quittent précipitamment le lieu où ils se trouvent, pour éviter l'objet qui leur fait peur.

Les hallucinations de l'ouïe, plus rares que celles de la vue, s'observent cependant dans certains cas. Le malheureux intoxiqué croit entendre des cris divers, des disputes, des plaintes, des menaces à son adresse.

Les organes des sens sont habituellement troublés : des scintillations, des mouches, des objets aux contours indécis, d'abord rouges ou jaunes, lumineux, plus tard noirs et opaques, passent devant les yeux du malade à des intervalles réguliers; la vision se trouble, tout semble trembler, et la lecture ne peut être longtemps supportée.

Les modifications de l'ouïe consistent en des bourdonnements et en une faiblesse plus ou moins grande de l'audition. Le goût et l'odorat subissent peu de changement.

Les fonctions circulatoires sont peu ou pas altérées; quant aux fonctions digestives, elles présentent des désordres qui ne diffèrent pas de ceux de l'alcoolisme chronique : ce sont des pituites revenant chaque matin, des digestions difficiles avec ou sans diminution d'appétit. Si les individus qui usent de la liqueur d'absinthe commencent par engraisser, ils maigrissent inévitablement au bout d'un certain temps. Leur nutrition est d'ailleurs tellement troublée, que la plupart finissent par devenir tuberculeux et meurent phtisiques.

Notons que l'amélioration est plus facile et en général plus rapide chez les buveurs d'absinthe que chez les buveurs d'alcool, et que le dégoût de l'absinthe se voit plus souvent que le dégoût de l'eau-de-vie. Malheureusement, lorsque ce dégoût survient, la guérison est le plus souvent impossible.

(Docteur Lancereaux, *Bulletin de l'Académie de médecine.*)

2. — Un cas d'absinthisme.

Eugène D...., âgé de trente-deux ans, clerc de notaire,

né à Passy, entré le 3 juillet 1880 à l'hôpital de la Pitié, meurt le 29 juillet, salle Sainte-Marthe, lit n° 39.

Depuis plusieurs années, ce malade prend plusieurs absinthes avant son déjeuner et avant son dîner. Depuis longtemps il est sujet à des crampes, à des engourdissements de jambes, et par moments à des douleurs térébrantes qui surviennent surtout peu après qu'il est couché. Il a des cauchemars la nuit, rêve qu'il tombe d'un quatrième ou cinquième étage, qu'il est poursuivi par des bêtes informes, et se réveille en sursaut baigné de sueurs. Depuis longtemps aussi il a à son réveil des pituites verdâtres, filantes, amères; il est sans appétit, éprouve du dégoût pour les aliments. Enfin, depuis deux mois, à la suite d'un *rhume négligé,* il s'est mis à tousser et à maigrir.

Au moment de son entrée, ce malade est très maigre, a la face pâle, les cheveux rares, les lèvres tremblantes, la parole embarrassée. Les pieds, mis à découvert, se couvrent de sueurs; le moindre pincement au niveau du pied et de la jambe est très douloureux; le chatouillement de la plante des pieds détermine des mouvements réflexes de la plus grande violence.

Il existe des râles aux sommets des deux poumons, en avant et en arrière. Le malade expectore des crachats muco-purulents nageant dans un liquide clair filant.

Le 17 juillet, le malade est pris de fièvre; les jours suivants, agitation, fièvre régulièrement croissante jusqu'à 40 et 41 degrés; le 25, éruption de taches rosées lenticulaires nombreuses à la base du thorax et sur l'abdomen.

Le 28, il survient de la raideur dans les muscles du cou, la respiration s'embarrasse, une escarre se produit au sacrum, et la mort a lieu le 29.

(Docteur LANCEREAUX, *Leçons cliniques.*)

DICTÉES.

COURS ÉLÉMENTAIRE.

1. — L'heure de l'apéritif.

Faisons, en imagination, une courte excursion dans les

rues d'une de nos grandes villes. Il est 5 heures, *l'heure de l'apéritif*. A la devanture des cafés, brasseries, débits de toute espèce, d'où s'échappent des émanations d'armoise, d'anis, d'huile de pomme de terre, s'alignent des tables chargées de verres où transparaissent l'absinthe, les amers, le vermout, etc. Devant chaque consommateur, au fur et à mesure que la conversation s'anime et que les têtes s'échauffent, les verres renouvellent leur contenu.

2. — L'heure de l'apéritif (*suite*).

A Paris, que l'on se promène sur les grands boulevards, ou sur les boulevards extérieurs, ou aux alentours de la place Maubert, le spectacle est le même partout à l'heure de l'apéritif. Sur les tables des bouteilles d'absinthe, dans les verres une boisson blanchâtre, que l'écriteau porte « absinthe de marque à 0f,30 » ou « absinthe à 0f,15 ». A certains endroits, les soirs d'été, la consommation sur la terrasse des cafés est tellement grande, que le boulevard *pue l'absinthe*.

3. — L'heure de l'apéritif (*suite*).

Bientôt l'heure du dîner va sonner, et chacun, l'œil allumé, le maintien ignorant toute contrainte, regagnera le gîte familial ou le banal restaurant... Et puis les mêmes tables se couvriront de menus récipients réservés aux chartreuses, kummels, eaux-de-vie de tout genre, suivis eux-mêmes de chopes massives pleurant la mousse du liquide cher à Gambrinus. A l'intérieur, les cartes vont leur train, et chaque joueur malheureux ajoute une assise aux piles de soucoupes qui entourent le tapis vert.

4. — L'heure de l'apéritif (*fin*).

Est-il besoin d'ajouter que, le lendemain, la pituite matinale, la soif entretenue par la saveur forte des liqueurs et apéritifs, par leur effet desséchant sur la muqueuse de l'estomac et sur le sang, seront un prétexte pour boire encore, et pour boire quelque chose qui *remonte*, c'est-à-dire un liquide alcoolique. Ainsi s'organise le cercle vicieux dont le buveur a d'autant moins de chance de sortir, qu'il est convaincu qu'il ne boit pas avec excès, et doit être rangé dans la catégorie des modérés.

(P. Sérieux et F. Mathieu et *Bulletin de la Société française de tempérance.*)

DICTÉES.

COURS MOYEN ET SUPÉRIEUR.

1. — Danger du maniement des bouquets artificiels.

Dans une des grandes distilleries des environs de Paris, le hasard m'a fait rencontrer un jeune employé qui, d'une bonne santé habituelle, et de sobriété reconnue, a été pris d'accidents ayant une grande analogie avec ceux qui résultent de l'absinthisme. Or ce jeune homme était employé et séjournait dans le compartiment consacré à la distillation des essences, notamment de l'essence d'absinthe. Je conseillai au père de faire sortir au plus vite son fils de l'établissement. Je fus facilement compris et écouté, et un amendement des symptômes ne tarda pas à s'ensuivre.

(Docteur Laborde.)

2. — Temps voulu pour produire l'absinthisme.

Une ration quotidienne de deux verres d'absinthe pendant un an ou même quelques mois suffit pour transformer l'homme ou la femme les mieux constitués en absinthiques. Plusieurs jeunes filles observées à l'hôpital de Lourcine ou ailleurs ont accusé des désordres sérieux multiples et en particulier des fourmillements des extrémités, des crampes, des cauchemars et du tremblement, six ou huit mois après le début d'excès de liqueurs diverses parmi lesquelles entrait l'absinthe. La période de temps nécessaire à une modification du système nerveux par les liqueurs spiritueuses chez l'homme qui boit sans s'enivrer est ainsi relativement courte.

(Docteur LANCEREAUX.)

3. — Genèse de l'épilepsie, du crime et de la folie.

Je voudrais citer encore les belles expériences de mon ami le docteur Laborde, membre de l'Académie de médecine, sur l'aldéhyde salicylique, qui sert aujourd'hui à fabriquer la plupart des vermouts, parce que c'est une liqueur faible, passant pour naturelle et dont on ne se méfie pas. M. Laborde a montré qu'une dose très faible d'aldéhyde salicylique donne d'abominables convulsions. Il suffit même d'en respirer pour être malade, et le docteur Laborde comme un des professeurs de l'École de médecine l'ont expérimenté à leurs dépens.

Mais le vermout du commerce contient-il assez de cet aldéhyde pour être dangereux ?

4. — Genèse de l'épilepsie, du crime et de la folie (*suite*).

Écoutez cette petite histoire. Un ami du docteur Laborde, fixé depuis un an dans un port de mer, lui écrit qu'il est affligé de migraines, de nausées, de faiblesses dans les jambes qu'il n'éprouvait pas autrefois. Réponse du docteur : « Vous buvez de mauvais alcool. — Mais non, réplique l'ami, je bois seulement une liqueur très faible, un excellent vermout dans le meilleur café de la ville, pour m'ouvrir l'appétit. — Envoyez-moi donc un échantillon de cet excellent vermout. » L'échantillon reçu est injecté en petites doses à un cochon d'Inde et produit les convulsions caractéristiques.

L'ami informé n'en veut rien croire; mais il vient tout exprès à Paris pour s'éclairer et finit, comme saint Thomas, par se rendre à l'évidence quand il a vu de malheureuses petites bêtes se débattre horriblement après avoir ingurgité l'innocente liqueur qui faisait ses délices. Il cessa d'en boire et, trois mois après, il n'éprouvait plus rien du tout. Sans l'insistance du docteur Laborde, il serait devenu alcoolique sans avoir jamais songé à incriminer le vermout qui en était la cause.

5. — Genèse de l'épilepsie, du crime et de la folie (*fin*).

Quant à la genèse du crime et de la folie par l'alcool amylique, on peut aussi aujourd'hui la faire toucher du doigt. Je citerai seulement deux des expériences comparatives d'un autre de mes amis, le docteur Féré, médecin de la Salpêtrière, sur le développement des œufs de poulet. Je lui avais signalé l'intérêt considérable qu'il y aurait à comparer les effets de l'alcool éthylique pur avec ceux des alcools supérieurs, surtout l'alcool amylique.

Sans entrer ici dans le détail des expériences, je résumerai d'un seul mot les deux résultats extrêmes : dans les œufs soumis à l'action de l'alcool éthylique pur, l'évolution des petits poulets est simplement retardée, tandis que les œufs soumis à l'action de l'alcool amylique donnent tous des monstres, fort variés du reste. La physiologie nous a enseigné depuis longtemps qu'on peut conclure de l'animal à l'homme. Vous voyez donc maintenant pourquoi l'homme alcoolique, imprégné d'alcool amylique, comme l'œuf de poulet, produira, lui aussi, des monstres, c'est-à-dire des criminels et des fous.

(Em. Alglave, *le Monopole de l'alcool*. Document législatif.)

6. — Une crise d'absinthisme.

Un ancien zouave, âgé de trente-cinq ans, passa plusieurs années en Afrique, où il se mit à boire de l'absinthe. A son retour en France, il ne perdit pas cette habitude. Appelé dans le courant de novembre 1868 à voir ce garçon, employé dans une pharmacie voisine de chez moi, je le trouve atteint de crises convulsives, étendu sur un matelas, et tenu à grand'peine par les élèves. Il est pris d'une contracture presque générale. Les muscles de la région du cou et du dos se raidissent, de telle sorte que la tête se renverse en arrière et que le tronc se courbe en arc de cercle. Après quoi surviennent des secousses désordonnées et irrégulières : le malade projette ses membres de tous côtés, et en général simultanément, se frappe la poitrine comme s'il était soumis à une etreinte ou qu'il voulût se débarrasser d'un poids, puis se cramponne, se roule, se tord, crie, cherche à mordre.

7. — Une crise d'absinthisme (*fin*).

A cet excès convulsif succède un moment de calme; puis survient un nouvel accès qui, comme le précédent, se termine tout à coup, et ainsi de suite, pendant près d'une heure. A la suite de cette attaque, le malade est fatigué et comme hébété; mais deux jours plus tard il est entièrement remis.

Ces accidents éveillèrent tout d'abord dans mon esprit les idées d'une attaque d'hystérie. Je soupçonnais néanmoins une intoxication, et toute incertitude cessa lorsque les élèves de la pharmacie m'eurent appris que notre malade avait bu de l'absinthe avec excès le jour même et la veille. Cet homme avait d'ailleurs l'esprit un peu bizarre; il était considéré comme enclin à la colère et à la tristesse.

(Docteur Lancereaux, *Leçons cliniques*.)

8. — La consommation des apéritifs et ses conséquences.

La consommation de l'absinthe et des boissons similaires progresse chaque année, surtout parmi les femmes qui, par goût, s'y trouvent naturellement portées, et chez lesquelles le besoin ne tarde pas à se faire sentir et à devenir impérieux.

Les conséquences de cette situation sont faciles à comprendre. L'absinthe n'est pas seulement la ruine de la santé, elle est encore la ruine des économies; et lorsqu'elle devient une habitude chez les deux principaux membres de la famille, celle-ci se désagrège bien vite, si elle ne s'éteint par la continuation des excès. L'extinction définitive de la famille n'est que trop souvent, en effet, la triste suite de l'abus des alcooliques; car l'observation nous a appris que le besoin contracté par un buveur se transmet fatalement à ses descendants, qui, tôt ou tard, succomberont aux mêmes excès. De là ruine du travail, diminution de la richesse, de la population, et, en un mot, de la puissance de la nation.

(ACADÉMIE, séance du 5 mars 1895.)

PROBLÈMES.

COURS ÉLÉMENTAIRE.

1. — Un père de famille boit chaque jour son absinthe, qui lui revient à 0f,25. Pourrait-il, avec l'argent qu'il dépense ainsi inutilement chaque année, acheter un habillement complet de 25 francs à chacun de ses trois enfants? Si oui, combien lui resterait-il encore, et combien pourrait-il, avec ce reste, acheter de litres de vin à 0f,40?

CALCULS. — 0,25 × 365 = 91f,25 ; 91,25 — 75 = **16f,25** ; 16,25 : 0,40 = **40** litres, par défaut.

2. — L'absinthe renferme 3/4 d'alcool pur. Une personne prend tous les jours 4 centilitres d'absinthe. Quelle quantité d'alcool pur consomme-t-elle dans une année ordinaire?

CALCULS. — 0,04 × 365 = 14l,60 ; (14,60 × 3) : 4 = **10l,95**.

PROBLÈMES.

COURS SUPÉRIEUR ET MOYEN.

1. — Un cafetier a servi, dans une soirée, 180 apéritifs à 0f,25 et à 0f,30, pour lesquels il a reçu en tout 49 francs. Trouvez le nombre d'apéritifs de chaque catégorie.

CALCULS. — 180 × 0,30 = 54 francs ; 54 — 49 = 5 francs ; 0,30 — 0,25 = 0f,05 ; 5 : 0,05 = **100** apéritifs à 0f,25 ; soit **80** apéritifs à 0f,30.

2. — Dans sa journée, un cafetier a servi 120 apéritifs, dont le quart en absinthes vendues 0f,25 l'une. Les autres apéritifs ont été fournis au prix de 0f,30 ou de 0f,45 l'un. Sachant que la recette de la journée s'est élevée à 37f,50 pour les 120 apéritifs servis, on demande le nombre des apéritifs à 0f,30 et à 0f,45.

CALCULS. — 120 : 4 = 30 : 120 — 30 = 90; 0,25 × 30 = 7f,50; 37,50 — 7,50 = 30 francs; 90 × 0,45 = 40f,50; 40,50 — 30 = 10f,50; 0,45 — 0,30 = 0f,15; 10,50 : 0,15 = **70** apéritifs à 0f,30; soit **20** apéritifs à 0f,45.

3. — L'absinthe ordinaire renferme, pour 20 litres de liqueur, 11 litres d'alcool pur et 20 grammes d'essences diverses. Trouver la quantité d'alcool et d'essences qui entre dans un verre de cette absinthe de 30 centimètres cubes.

CALCULS. — 2000 centilitres; 3 centilitres; (11 × 3) : 2000 = **0l,0165**; (20 × 3) : 2000 = **0gr,03**.

4. — Dans l'absinthe par distillation, sur 20 litres d'alcool on distille : 600 grammes de grande absinthe, 200 grammes de petite absinthe, 800 grammes d'anis vert, 600 grammes de badiane, 800 grammes de fenouil, 100 grammes d'hysope, 175 grammes de citronnelle et 225 grammes de coriandre. Donnez les quantités de ces diverses substances qu'il faut prendre pour la distillation de 3 hectolitres d'alcool.

CALCULS. — 300 : 20 = 15; 600 × 15 = 9 kilogrammes; 200 × 15 = 3 kilogrammes; 800 × 15 = 12 kilogrammes; 600 × 15 = 9 kilogrammes; 800 × 15 = 12 kilogrammes; 100 × 15 = 1Kg,5; 175 × 15 = 2Kg,625; 225 × 15 = 3Kg,375.

DEVOIRS DE RÉDACTION.

1. — Des apéritifs. Composition. Leur double danger, par suite des alcools inférieurs et des essences ou produits chimiques qui entrent dans leur fabrication.

2. — Vous supposerez une personne atteinte d'absinthisme, et vous la ferez parler et raconter ce qu'elle éprouve.

AUTRES DEVOIRS DE RÉDACTION.

COURS MOYEN ET SUPÉRIEUR.

3. — Les apéritifs. Que signifie ce mot? N'est-il pas un contresens? Parlez de la fabrication des liqueurs dites apéritives.

4. — Les apéritifs. Leurs dangers. A quel genre d'alcoolisme conduit l'usage des apéritifs?

5. — Quels sont les caractères qui distinguent l'absinthisme de l'alcoolisme? Parlez des vertiges, des hallucinations, des attaques d'épilepsie et des actes de brutalité auxquels sont sujets les absinthiques.

8e LEÇON. — L'ivresse et l'alcoolisme. — Influence de l'alcoolisme des parents sur la santé des enfants.

PLAN.

« L'ivrognerie est un vice honteux et dégradant, qui fait de l'homme un objet de risée, quand elle n'en fait pas une bête méchante. Et pourtant, malgré tout le mépris qu'elle mérite, c'est pour les malheureux qui s'y abandonnent, pour leurs familles et pour le pays tout entier, un mal encore moindre que l'alcoolisme. L'ivrognerie est visible à tous les yeux; l'ivrogne ne peut se dissimuler les excès qu'il a commis. L'alcoolisme, au contraire, passe inaperçu. Sans grandes buveries, sans soûleries, sans scandales, sans même qu'on puisse dire que l'homme est vicieux, l'alcoolique, par le seul effet de son mauvais régime, arrive à un état de dégénérescence organique qui a, pour lui et pour ses enfants, des conséquences beaucoup plus graves que celles d'une ivrognerie intermittente. » (AD. COSTE, *Aux insouciants qui s'alcoolisent sans le savoir*, brochure de propagande — ASSELIN et HOUZEAU, éditeurs.)

Revenir brièvement sur les funestes effets de l'alcoolisme et de l'absinthisme sur les individus.

« Ce qui constitue l'extrême gravité des désordres qu'apporte dans l'organisme du buveur l'usage habituel des spiritueux, c'est qu'ils ne se limitent point à sa personne, mais se transmettent amplifiés et agrandis encore à ceux qui naissent de lui et à leurs enfants pendant toute la suite des générations. Les idiots, les imbéciles, les débiles, les hystériques, les épileptiques, les dégénérés de toute espèce se retrouvent en grand nombre parmi les descendants d'alcooliques. Dans un groupe de 761 descendants de buveurs, M. Legrain a trouvé 322 dégénérés, 131 épileptiques, 155 aliénés. L'alcoolisme est le grand pourvoyeur de la folie; il est peu d'aliénés qui ne comptent parmi leurs ascendants des alcooliques ou du moins des buveurs. Et l'état des enfants d'alcooliques est d'autant plus grave que, dans un très grand nombre de cas, ils héritent de leurs parents, en même temps que d'un mauvais équilibre nerveux, un appétit ardent et presque irrépressible pour l'alcool. Dans une statistique qui porte sur 467 descendants de buveurs parvenus à l'âge adulte, M. Legrain a constaté chez 197 d'entre eux un goût très vif pour les boissons spiritueuses et des habitudes d'intempérance. »

« Les conséquences de l'absinthisme sont plus redoutables encore que celles de l'alcoolisme ordinaire : l'épilepsie des enfants est la suite presque nécessaire de l'absinthisme des parents. »

« Il est à peine besoin de dire qu'à mesure que s'ajoutent les unes aux autres les générations de buveurs, la situation s'aggrave pour ceux qui apportent en naissant ces tares héréditaires. Si un fils d'ivrogne est prédisposé à l'ivrognerie et parfois atteint déjà de dégénérescence, le petit-fils qui aura eu pour père un dégénéré adonné aux excès d'alcool est plus certainement encore voué aux accidents nerveux les plus redoutables, et son fils à lui, s'il peut vivre, est prédestiné, avec une presque entière certitude, à l'idiotisme. Nous avons dit s'il peut vivre : c'est qu'en effet la mortalité est prodigieuse dans les familles d'alcooliques. La résistance des descendants de buveurs aux maladies aiguës est singulièrement diminuée, comme celle des alcooliques eux-mêmes. La tuberculose est leur fatal héritage, héritage presque aussi assuré que la dégénérescence mentale elle-même. La taille s'abaisse de génération en génération : les nains même ne sont pas très rares dans ces familles adonnées aux boissons spiritueuses, non plus que les difformités de toute sorte qui résultent de lésions osseuses de diverse nature. »

« Dans les familles de buveurs, les enfants mort-nés ou morts au cours des toutes premières années sont en très grand nombre. M. Legrain, dans un groupe de 814 descendants d'alcooliques, a relevé 174 de ces cas de mortalité précoce. Il est telles familles d'une grande ville industrielle de l'Ouest où, de 14 et de 18 enfants, aucun n'a pu dépasser l'âge de 6 mois. Le nombre des naissances, au reste, diminue rapidement dans les familles qui comptent plusieurs générations d'alcooliques, et c'est là une des causes qui amènent, dans certaines régions de la France, cette décroissance inquiétante de la natalité qui préoccupe tous ceux qui ont à cœur les destinées du pays. » (*Extrait du rapport de la Commission chargée d'étudier les moyens de combattre l'alcoolisme.*)

DIRECTIONS PÉDAGOGIQUES.

Rappeler que l'alcoolisme a fait disparaître des peuplades sauvages, par l'abus des spiritueux, et que c'est encore aujourd'hui un des honteux moyens employés par les Anglais dans leurs colonies pour se débarrasser des peuplades primitives.

RÉSUMÉ.

L'ivrognerie est un vice honteux et méprisant qui frappe les individus et les familles. L'alcoolisme est un grand malheur pour le pays tout entier.

L'alcoolisme entraîne la dégénérescence des enfants et de la postérité. Les idiots, les imbéciles, les débiles, les épileptiques, les dégénérés de toute espèce se rencontrent surtout parmi les descendants d'alcooliques, qui, adultes, montrent un goût très vif pour les spiritueux et les habitudes d'intempérance.

L'absinthisme des parents entraîne l'épilepsie des enfants.

La mortalité est prodigieuse dans les familles de buveurs, dont les générations tarées engendrent, pour les enfants, une situation qui s'aggrave de plus en plus : la tuberculose et l'affaiblissement mental sont le lot fatal des descendants d'alcooliques et d'absinthiques. C'est là, pour certaines parties de la France, une des causes essentielles de la dépopulation.

MAXIMES. — *Le buveur est un mauvais blessé, un mauvais malade.*

L'alcoolisme menace l'espèce et frappe la descendance de l'homme.

EXERCICE D'INTELLIGENCE.

Qu'est-ce que l'ivrognerie? — ... l'alcoolisme? — Quel caractère de gravité exceptionnelle l'alcoolisme revêt-il pour l'avenir du pays? — Où rencontre-t-on surtout les idiots, les imbéciles, les débiles, les dégénérés? — Quelles habitudes funestes contractent les descendants d'alcooliques? — Qu'entraîne l'absinthisme pour les enfants? — Parlez de la mortalité qui frappe les familles de buveurs. — Quel est le lot fatal réservé aux descendants d'alcooliques ou d'absinthiques? — Quelle est la cause essentielle de la dépopulation de certaines régions de la France?

LECTURES.

1. — L'alcoolisme héréditaire.

Ce qu'il y a de plus fâcheux pour le descendant du buveur, c'est l'appétence des boissons alcooliques et le besoin impérieux d'en user. L'âge dans lequel se fait sentir ce besoin est très variable. Ainsi l'on voit des jeunes gens qui n'attendent pas la sortie du collège pour faire usage des liqueurs fermentées; dès ce moment, ils manifestent pour ces boissons une appétence spéciale qui ne peut être le fait de l'exemple, puisqu'ils sont séparés de leurs parents.

C'est à tort, selon nous, que l'on attribue à l'exemple les tendances alcooliques des enfants nés de parents buveurs; car il suffit de la moindre observation pour arriver à reconnaître que ceux qui sont éloignés de leur père et de leur mère n'échappent pas plus à ces tendances que ceux qui vivent au sein de la famille. Une femme que j'ai vue mourir à quarante-neuf ans, usée par les excès de boissons alcooliques auxquels était venue s'ajouter une tuberculose des poumons, avait quitté à douze ans sa famille et la ville où elle était née d'un père qui mourut alcoolisé à l'âge de trente-huit ans. Dès sa dix-huitième année, cette femme commençait à s'adonner aux liqueurs alcooliques, et, à vingt-trois ans, la passion qu'elle avait pour la boisson était déjà si prononcée que son mari, dont je tiens cette histoire, me racontait l'avoir trouvée plusieurs fois cachant la bouteille qui devait lui permettre de satisfaire à son pressant besoin. Dans ce fait, l'exemple n'avait certainement joué aucun rôle, et d'ailleurs la preuve qu'il s'agit bien en pareil cas d'une tendance morbide héréditaire, c'est que ce ne sont pas les fils des individus que frappe l'ivresse qui sont pris à un moment donné du besoin de boire, mais bien ceux des buveurs atteints d'alcoolisme chronique, et qui partant ne s'enivrent guère.

(Docteur LANCEREAUX, *De l'alcoolisme et de ses conséquences. — Comptes rendus du Congrès international de l'alcoolisme*, 1878.)

2. — Cas d'absinthisme héréditaire.

C.... (Berthe), âgée de dix-huit ans, faible de constitution, intelligente, mais emportée. Élevée à la campagne, elle est venue, il y a deux ans, à Paris, où elle exerce la profession de blanchisseuse. Depuis plusieurs années, elle éprouve des sensations subjectives de fourmillements et de picotements qui ont pour siège plus spécial les extrémités inférieures et la tourmentent surtout dans la nuit; elle est atteinte, en outre, de crampes fréquentes dans les mollets. Le sommeil est pénible; la malade s'éveille en sursaut, parfois couverte de sueurs : elle a des rêves et des cauchemars, voit des animaux dangereux, se lève souvent dans la nuit, fait, selon son expression, un bruit infernal et se bat avec les chaises.

Admise dans notre service (hôpital de la Pitié), le 20 mars 1880, elle présente une diminution notable de la sensibilité aux mains et aux avant-bras, aux pieds et aux jambes; les pieds sont en sueur. Les digestions sont difficiles, et souvent il survient des pituites au moment du lever.

Le 21 avril, la malade se leva la nuit, descendit nu-pieds jusque dans la cour de l'hôpital, d'où elle fut ramenée dans son lit et fut prise aussitôt de convulsions.

Le 15 mai, survient une nouvelle attaque convulsive. Le 20, la malade, qui avait pu dormir depuis plusieurs jours, se trouva beaucoup mieux et plus calme, et demanda sa sortie.

Le père de cette malade, carrier en Bretagne, où il travaillait le granit, avait succombé, jeune encore, à la suite d'excès prolongés d'absinthe, et après avoir toussé pendant quelque temps.

(Docteur LANCEREAUX, *De l'absinthisme. — Extrait du Bulletin de l'Académie de médecine.*)

3. — Autre cas d'absinthisme héréditaire.

M.... (Marie) a été mise en nourrice aussitôt après sa naissance. Dès son bas âge, elle a eu des convulsions, qui se sont renouvelées pendant un certain temps. Depuis lors elle s'est bien portée. Agée aujourd'hui de quatorze ans, elle est faible et délicate.

Cette jeune personne, qui est nerveuse, irascible et emportée, rit et pleure sans cause. Elle accuse des pituites et des vomissements le matin, elle éprouve des élancements ou même des sensations de fourmillements ou de picotements dans les membres. Le sommeil est pénible, agité par des rêves effrayants, la vue d'animaux, de fantômes, etc. La malade se plaint, en outre, d'une sensation de constriction sternale; mais elle prétend n'avoir pas eu de convulsions depuis son jeune âge.

Le père de cette jeune fille, homme robuste, employé aux Halles centrales, s'adonnait à des excès de boisson bien avant qu'elle fût née; il buvait par jour cinq à six verres d'absinthe, plusieurs petits verres d'eau-de-vie et du vin en grande quantité.

(Docteur LANCEREAUX, *De l'alcoolisme et de ses conséquences. — Comptes rendus du Congrès international de l'alcoolisme*, 1878.)

4. — Un dialogue.

L'OUVRIER. — Il paraît que vous défendez toute sorte de boissons alcooliques, le vin, comme le reste. Mais est-ce que ce n'est pas une folie que de songer à mettre à l'eau tout un peuple qui possède les plus beaux vignobles du monde? Y avez-vous réfléchi seulement? Priver des milliers de Français qui cultivent la vigne d'un moyen de gagner leur vie, priver le Trésor de plusieurs millions!

Mais c'est une œuvre antipatriotique que vous poursuivez là.....

Le médecin. — Je ne veux pas mettre la France à l'eau. J'aurais trop à faire.

L'usage modéré du vin est agréable et sans danger. Le seul inconvénient que présenterait l'usage modéré de cette boisson serait d'empêcher la production des vins fabriqués sans raisin frais... Quelques industriels peu scrupuleux y perdraient... Mais qui voudrait les plaindre?... Je ne proscris donc pas le vin naturel.

Mais j'avoue que, si j'étais maître des destinées de la France, je supprimerais l'alcool employé comme boisson courante, j'empêcherais l'excès de consommation du vin.

Et je croirais avoir rendu à ce pays — que j'aime — un très grand service.

L'ouvrier. — Mais voyons : j'ai toujours entendu dire qu'en guerre, quand on est en face de l'ennemi, quelques verres de rhum ou de vin vous empêchent d'avoir le trac et vous donnent du cœur au ventre.

Mon beau-frère, qui a fait la campagne du Tonkin, me disait qu'il n'y a rien de pareil à un bon verre de tafia pris au commencement de la bataille.

Il est un peu vantard, mon beau-frère; mais enfin, il m'a affirmé que, quand il avait bien bu, rien ne lui résistait :

Ma foi, c'est un triste soldat
Que celui qui ne sait pas boire...
Il voit les dangers du combat...
Le buveur n'en voit que la gloire.

Le médecin. — Je vous céderai facilement sur ce point, mon bon ami : le rhum, le trois-six, le tafia et autres alcools *très raides*, donnant une excitation immédiate, violente, doivent être nécessaires, les jours de bataille, *aux poltrons* qui tremblent dans leur peau dès le premier coup de fusil.

Mais, si j'étais colonel, j'aimerais mieux entreprendre un assaut ou une charge avec cent gaillards qui n'auraient pas eu besoin de boire la goutte pour se sentir du cœur au ventre que d'en avoir cinq cents dont toute la crânerie dépendrait d'une goutte de rhum.... Et si la gourde est vide et la bataille longue?

Non, voyez-vous, l'alcool, qui ne donne pas la vraie gaieté, est impuissant aussi à donner la vraie bravoure. Elle vient de plus loin et de plus haut.

L'OUVRIER. — Mais n'est-il pas vrai que quelques bons verres d'eau-de-vie ou une ou deux absinthes vous empêchent de sentir la faim, vous secouent le sang et vous donnent le coup de fouet pour le travail?

LE MÉDECIN. — Pas plus que l'alcool ne donne la vraie gaieté, le vrai courage en temps de guerre, il ne donne la vraie force pour le travail.

Boire un verre d'eau-de-vie, c'est un coup de fouet, si vous voulez; mais les paresseux seuls ont besoin de ce coup de fouet-là, dont l'effet dure peu et qui est suivi d'un accablement profond.

Vous dites : Quand on a bu, on ne sent pas la faim. Mais pourquoi voulez-vous ne pas sentir la faim? Croyez-vous qu'un homme se passe impunément de manger? Si l'alcool ne coûtait rien, vous auriez l'excuse de la misère. Mais les petits verres, les demi-setiers coûtent, et plus cher que le pain, croyez-moi. Pourquoi alors buvez-vous des saletés qui vous empoisonnent, au lieu de manger des choses qui vous soutiendraient?

L'OUVRIER. — Après tout, c'est peut-être vrai, ce que vous me dites là, et vous commencez à me donner joliment à réfléchir.

Mais il y a une chose que vous ne pouvez pas nier, et qui suffit à prouver l'utilité du vin et des eaux-de-vie, c'est que quand on boit l'été, ça rafraîchit, et que quand on boit l'hiver, ça réchauffe.

Je ne suis pas de ceux qui croient que tous les gens qui ne travaillent pas avec leurs bras sont des feignants; je sais qu'un bon maître d'école, par exemple, ça ne mène pas une vie couleur de rose, et que c'est souvent plus exténué qu'un ouvrier.

Pourtant, Monsieur le docteur, y a des choses dont vous autres, bourgeois, vous ne vous rendrez jamais compte. Ainsi, quand on a travaillé sur le chantier depuis 6 heures du matin, dans la canicule, quand on a sué tout son comptant, non, vous ne saurez jamais ce qu'il est bon, ce qu'il est frais, le coup d'onze heures et le bien qu'il vous fait quand il passe.

Et l'hiver donc, on sort de son lit quand le soleil fait encore dodo; on s'habille à tâtons, le plus vite qu'on peut; car il n'y a pas de feu dans la chambre et quelquefois il y gèle ferme; on dégringole vite son sixième, les mains dans les poches et l'estomac grelottant; mais, sitôt dans la rue, voilà le bec de gaz tremblotant du marchand de vin d'en face qui vous fait signe; on entre, on boit une bonne goutte, deux bonnes gouttes, ça tue le ver, ça secoue le sang, ça chauffe l'estomac, ça descend dans les jambes, ça donne des forces, et le chemin commencé en tremblant, on le finit en sifflant, mon cher docteur.

Ah! je sais, vous allez me répondre qu'une bonne tasse de café au lait ou de chocolat, ça me réchaufferait autant et me ferait plus de bien. Tiens! et des croissants chauds dedans, n'est-ce pas, docteur? avec ou sans beurre?

Allons! vous vous moquez de nous. Qu'est-ce qui nous l'apprêterait ce bon déjeuner-là? C'est pas ma pauvre mère, plus vieille, plus fatiguée à cinquante ans que les vôtres à soixante-dix, qui se lèverait pour dorloter un grand diable comme moi.... Et plus tard, ce ne sera pas ma femme, qui travaillera peut-être autant que moi — puisque maintenant toutes les femmes travaillent — et qui le matin sera exténuée; — je sais comment ça se passe chez les autres.

Aussi, quand je vois de gros bourgeois en pardessus et gants fourrés qui, levés par hasard de bonne heure, haussent les épaules d'un air offusqué en nous voyant dès le matin devant le comptoir, non, vous savez, ça me met dans une colère.... Ils ne comprennent rien, ces gens-là.

Faut ben du charbon,
Non d'un non,
Pour chauffer la machine.
Au va-nu-pieds qui chine,
Sacrebleu,
Il faut son petit coup de bleu.

C'est Richepin qu'a dit ça — et c'est bien dit.

Le médecin. — Mon ami, vos raisons ne sont pas sans

valeur, et si, chemin faisant, j'arrive à vous convaincre de quelques vérités utiles, je vous assure que, de votre côté, vous me donnez beaucoup à penser.

Oui, je vous l'accorde de bon cœur, l'ouvrier qui reste sobre a, sans comparaison, plus de mérite que le bourgeois; de même que, s'il boit, il a cent fois plus d'excuses. Pourtant il est des ouvriers tempérants, absolument tempérants; ceux-là, toujours, s'ils ont avec cela l'intelligence, arrivent à de bonnes situations, et c'est une constatation qui mériterait d'arrêter vos pensées, mon jeune ami.

Comment ont fait, jusqu'ici, les travailleurs qui ne se sont pas alcoolisés?

Ils avaient donc des mères qui leur portaient, le matin, le chocolat dans leur lit? Ils trouvaient donc toujours chez eux le repas substantiel et appétissant qui répare les forces?

Non, mon ami, pas plus que vous.

Mais ils savaient que, dès le petit matin, on trouve chez la crémière du café ou du lait bien chaud; que le marchand de vin, même, ne refuse pas d'en vendre au client qui en demande; ils savaient qu'avec les trois ou quatre sous de l'apéritif de 11 heures, on peut avoir un bon morceau de fromage en hiver, une belle grappe de raisin en été, et que c'est meilleur à l'estomac que la meilleure *Terminus*.

Ils savaient... beaucoup de choses que vous n'ignorez pas plus qu'eux, vous qui me résistez encore pour la forme, et qu'un de ces jours vous mettrez en pratique, comme ils ont fait.

Encore un mot; vous avez dit : L'alcool réchauffe.

Non, il ne réchauffe pas; mais, comme toutes les substances irritantes mises en contact avec la surface de l'intérieur de l'estomac, que nous appelons une muqueuse, il gratte et à la longue brûle cette muqueuse. C'est ça qui vous donne, quand vous buvez des choses fortes, la sensation que vous avez plus chaud. Savez-vous la vraie vérité sur ce point?

C'est que l'alcool refroidit, et la preuve c'est que les médecins s'en servent comme médicament quand ils veulent abaisser la température du corps, dans une fièvre, par exemple.

L'OUVRIER. — Eh bien, mettons, docteur, que l'eau-de-vie

brûle au lieu de réchauffer; mettons que les excuses que nous croyons avoir quand nous prenons la goutte du matin, le coup d'onze heures et... tant d'autres coups, ne soient que de mauvaises raisons.

Pour ma part, je le crois; et vos explications m'ont prouvé qu'il n'y a qu'un bon parti à prendre, qui est d'être sobre.

Mais les mauvaises têtes pourraient encore vous dire:

« Après tout, ça ne regarde personne, si je bois trop; ça ne fait de tort qu'à moi. »

Le médecin. — Voyons, mon bon ami, qu'est-ce que vous me dites là? Vous ne savez donc pas que l'ivrognerie, ou plutôt l'alcoolisme, engendre non seulement pour ceux qui s'y livrent, mais aussi *pour leurs enfants*, une tendance à cette maladie que nous appelons la *tuberculose*, et qui prend tant de formes, toutes redoutables!

Vous avez vu souvent, dans une même famille d'ouvriers, *deux, trois, quatre* enfants mourir successivement de méningite; la méningite était tuberculeuse : neuf fois sur dix, alcoolisme des parents.

Vous avez entendu parler aussi des convulsions qui enlèvent un si grand nombre de petits êtres : neuf fois sur dix, alcoolisme des parents.

Et l'idiotie, l'épilepsie, l'imbécillité des enfants? alcoolisme des parents, encore et presque toujours.

Je vous dis là des choses prouvées, établies de la façon la plus certaine, que j'ai cent fois constatées moi-même.

Oserez-vous dire après cela qu'un ivrogne ne fait de tort qu'à lui-même?

Ici, Messieurs, je suppose que mon jeune ouvrier se déclare convaincu et qu'il prend sérieusement la résolution de ne pas faire d'excès; je suppose même qu'il tiendra sa promesse.

Il faut bien s'accorder de ces petits succès théoriques, les résultats réels en matière de conversion à la sobriété étant si rares et si difficiles.

(Docteur Roubinovitch, *Extrait d'une conférence faite à l'école normale d'Auteuil.*)

DICTÉES

POUR TOUS LES COURS.

1. — Le péril alcoolique.

La France voit s'accroître chaque jour la consommation des spiritueux; l'empoisonnement par ces liquides se propage comme une véritable épidémie. Tous ceux qui ont souci de la santé physique, morale et intellectuelle de la nation s'effrayent à juste titre des ravages de l'alcool, ce pourvoyeur infatigable des hôpitaux, des hospices d'incurables, des asiles d'aliénés, d'idiots et d'épileptiques, des dépôts de mendicité, des établissements pénitentiaires de toute nature. Les résultats immédiats de l'intoxication alcoolique (augmentation de la criminalité, de la folie, de la mortalité, des suicides, etc.) ne sont cependant pas comparables à ses conséquences éloignées.

2. — Le péril alcoolique (*fin*).

Par l'action dégénérative qu'il exerce sur la descendance des buveurs, l'alcool constitue un des facteurs les plus puissants de la déchéance des peuples, et prépare, pour les luttes de l'avenir, des générations inférieures. Un fléau social des plus redoutables nous menace, dont le péril dépasse de beaucoup celui des plus meurtrières épidémies. L'avenir même de notre race, déjà compromis par la diminution de notre natalité, l'avenir de notre race est en jeu.

Assisterons-nous indifférents au suicide d'un peuple dont le rôle dans l'histoire de la civilisation a été et pourrait être encore si considérable?

Unissons plutôt nos efforts pour combattre cette peste envahissante : dans la communion de toutes les volontés éclairées se trouve peut-être le secret de notre régénération.

(P. Sérieux et F. Mathieu, *l'Alcool*[1].)

---

1. Félix Alcan, éditeur.

3. — Les descendants des alcoolisés.

A la première génération apparaissent l'immoralité, la dépravation, les excès alcooliques et l'abrutissement moral; à la seconde, l'ivrognerie héréditaire, les accès maniaques, la paralysie générale; à la troisième, les tendances homicides; à la quatrième enfin, l'intelligence est peu développée, et l'enfant, stupide ou idiot et dégradé, n'arrive pas à l'état d'adulte, et la race s'éteint.

Le buveur n'engage pas seulement sa personne, mais encore, ce qui est beaucoup plus grave, sa descendance. La tendance à l'abus des boissons est des plus fréquentes chez les descendants d'alcooliques, à la condition que ceux-ci se soient adonnés assez tôt à l'usage des spiritueux. C'est d'ordinaire entre quinze et vingt-cinq ans que cette tendance se manifeste chez les garçons et parfois chez les filles. Un jour, par hasard, le malheureux prédestiné entre chez un marchand de vins, d'une façon pour ainsi dire inconsciente; il boit un verre de liqueur sans penser à mal, il en trouve le goût agréable, il recommence et, peu à peu, l'habitude est prise, le besoin est créé, et l'intoxication est proche.

(Docteurs Cruveilhier et Lancereaux.)

4. — Absinthisme héréditaire.

La nommée P... (Jeanne), âgée de vingt-deux ans, culottière, admise dans notre service à l'hôpital de la Pitié, salle Sainte-Geneviève, n° 14, le 20 octobre 1879, se plaint d'accidents divers qui auraient commencé à se manifester lorsqu'elle avait quinze ans. Elle accuse, depuis cette époque, des élancements douloureux dans les jambes, principalement au niveau des articulations, et aussi des sensations de fourmillements et de picotements, surtout le matin, aux extrémités des membres.

Son sommeil est, depuis la même époque, troublé par des cauchemars. Elle rêve de bêtes féroces, de fantômes, de précipices, et souvent elle se réveille en sursaut et couverte de sueur. Elle est atteinte d'une toux nerveuse, mais ne se souvient pas d'avoir eu des attaques de nerfs.

5. — Absinthisme héréditaire (*suite*).

Sa vue est bonne, bien qu'il lui arrive quelquefois de voir des mouches ou des étincelles. Elle a été sobre jusqu'ici : tout porte à le croire ; jamais elle n'a eu de pituites matinales.

Sa santé était supportable, quand, il y a une quinzaine de jours, un refroidissement qui fut suivi d'état fébrile amena une recrudescence des symptômes dont nous venons de parler, et décida cette malade à se faire soigner à l'hôpital.

6. — Absinthisme héréditaire (*fin*).

Le lendemain de son admission, nous constatons qu'il existe des points douloureux le long de la colonne vertébrale. La plus légère émotion détermine des sueurs aux pieds. Le sommeil est impossible, à cause des cauchemars et des douleurs des membres. L'appétit est nul.

Après trois mois de traitement, les troubles de la sensibilité et de l'intelligence s'améliorent peu à peu, et notre malade, se sentant beaucoup mieux, réclame sa sortie.

Le père de cette jeune fille, mort d'une congestion cérébrale à l'âge de quarante-cinq ans, avait contracté depuis longtemps des habitudes d'ivrognerie, et buvait souvent de l'absinthe. L'unique frère de la malade, très faible, était atteint de coxalgie.

(Docteur LANCEREAUX, *Leçons cliniques*.)

7. — Un remède contre l'alcoolisme.

On a appliqué depuis plusieurs années, en Suède, une réforme qui a contribué à diminuer, dans des proportions considérables, l'alcoolisme qui y sévissait autrefois terriblement. Dans ce bienheureux pays, il n'y a plus de cabarets proprement dits, ni de cabaretiers. Le débitant de boissons est un fonctionnaire. Il reçoit un traitement fixe du gouvernement et n'a aucun intérêt à pousser à la consommation. En outre, on ne donne pas d'alcool au détail, il faut l'acheter à la bouteille.

Les cabarets, devenus des endroits officiels, presque des temples, sont tenus avec une austère correction; on n'y peut consommer que tête nue. Le silence y est de rigueur; chacun, en y entrant, prend un maintien de cérémonie.

On est loin de nos estaminets bruyants et de nos cafés-concerts, sur les bords du lac Mœlar.

(*Le Petit Parisien.*)

8. — Le cabaret.

Le cabaret est d'institution moderne et relativement toute récente ; il a pris la place de l'antique et respectable auberge, au grand dommage de la moralité publique. L'auberge était faite pour les étrangers, pour les voyageurs : on y venait boire, manger, dormir. C'était simplement un lieu d'étape et de repos. Le piéton, au soir d'une longue route, le cavalier, après une rapide chevauchée, y trouvaient une table et un gîte tout préparés. C'était une institution excellente, mais qui n'a plus sa raison d'être. Grâce à la vapeur, nous voyageons rapidement, sans fatigue. Le chemin de fer nous fait parcourir en quelques heures des centaines de kilomètres; nous pouvons déjeuner à Paris et dîner à Londres, alors que nos ancêtres mettaient huit jours à se rendre d'une capitale à l'autre.

9. — Le cabaret (*suite*).

Le cabaret n'est plus seulement un lieu où l'on se repose et où l'on boit, c'est avant tout un rendez-vous commun, un asile sûr pour traiter des affaires, s'amuser, jouer, tuer le temps ; c'est le refuge des oisifs, des ivrognes, des débauchés. Rien n'a été épargné pour en augmenter l'attrait séducteur : les misérables tables et les bancs grossiers de l'auberge ont fait place à des tables de marbre, à des divans de cuir ou de velours ; le comptoir resplendit au centre sous son armature brillante de zinc, et des armées de carafes au contenu chatoyant et divers couvrent les murs, alternant avec des glaces de belle dimension qui s'étonnent elles-mêmes de refléter si souvent de tristes appétits et de singulières figures.

10. — Le cabaret (*suite*).

Dans un tel milieu, on s'arrête aisément, on s'attarde avec plaisir, et l'on boit, non pas le vin naturel d'autrefois, mais ces abominables poisons de l'industrie qui ruinent si vite la santé et l'intelligence. Le malheureux qui sort des débits de vin après avoir absorbé un verre d'alcool n'est plus un homme, c'est une brute ; il est sans force, en proie à l'agitation et au délire ; il est ivre-mort. Et ce n'est pas sans raison que le vulgaire ne désigne les cabarets que sous le nom odieux et caractéristique d'*assommoirs*.

11. — Le cabaret (*suite*).

Pour retenir la clientèle et multiplier les bénéfices, le marchand de vin n'hésite pas à user de moyens plus ou moins honnêtes, ne recule devant aucun artifice : il organise à jour fixe des jeux divers, des *poules*, des tombolas, où tout l'aléa est pour les consommateurs et tout le gain pour lui. Il va au-devant des besoins qui s'accusent en vendant à crédit, et en retenant ainsi les buveurs. Enfin, dans les grandes villes, des excitations immorales créent un appât nouveau et entraînent les clients à des dépenses exagérées, à des orgies folles. L'immoralité d'un tel commerce n'est pas contestable, et ses avantages, garantis presque autant par les mœurs que par la loi, sautent aux yeux des plus indifférents. On livre le poison d'une main, et on vide la bourse de l'autre.

12. — Le cabaret (*fin*).

Aussi que de désastres d'un côté, que de succès scandaleux de l'autre ! De grosses fortunes s'élèvent rapidement sur les ruines des familles ouvrières. En dix ans, de petits marchands de vin arrivent à former un pécule suffisant pour vendre leur fonds et vivre de leurs rentes. L'ambition des autres est plus vaste, et nous en connaissons un qui, parti de la situation la plus modeste, prétendait sérieusement assurer 100 000 francs à chacun de ses enfants, mais que la mort a foudroyé prématurément. Ces réussites sont exagérées, presque insolentes en face des positions difficiles, des faillites nombreuses qui sont le lot de tant de commerçants honnêtes : elles résultent d'une exploitation honteuse des vices populaires.

(Docteur SURBLED, Extrait de la revue *La Quinzaine*, n° 36 de 1896. Direction : 45, rue Vaneau.)

PROBLÈMES.

COURS ÉLÉMENTAIRE.

1. — Un ouvrier boit chaque matin un petit verre d'eau-de-vie de 0f,15; tous les dimanches, il fume pour 0f,25 de cigares et dépense 1f,35 au café. Quelle est la dépense annuelle occasionnée par ces mauvaises habitudes? (On adoptera l'année de 365 jours et de 52 semaines.)

CALCULS. — 0,15 × 365 = 54f,75; 0,25 + 1,35 = 1f,60; 1,60 × 52 = 83f,20; 54,75 + 83,20 = **137f,95.**

2. — Un ouvrier gagne 3f,50 par jour. Chaque semaine, il perd une journée, qu'il passe au cabaret, où il dépense 2 francs par jour. Avec ce qu'il perd pendant 6 ans, combien pourrait-il acheter d'ares de terre à 2800 francs l'hectare? (Certificat d'études primaires; Levallois.)

CALCULS. — 3,50 + 2 = 5f,50; 5,50 × 52 × 6 = 1716 francs; 1716 : 28 = **61a,28,** par défaut.

PROBLÈMES.

COURS MOYEN ET SUPÉRIEUR.

1. — Le docteur Legrain a relevé, dans un groupe de 814 descendants d'alcooliques, 174 cas de mortalité précoce dus à l'alcoolisme héréditaire. Quelle proportion pour 100 cela fait-il de décès parmi les descendants d'alcooliques?

CALCULS. — (174 × 100) : 814 = **21,37** pour 100.

2. — Le docteur Legrain a trouvé, dans un groupe de 761 descendants de buveurs, 322 dégénérés, 131 épileptiques, 155 aliénés. Si, normalement, dans la population saine, la proportion des descendants dégénérés est évaluée à 12 0/0, celle des descendants épileptiques à 2 0/0, et celle des descendants aliénés à 1/2 0/0, on demande de combien pour 100, sur les 761 descendants de buveurs, l'alcoolisme héréditaire a privé la société de membres utiles et valides. Si, d'autre part, on évalue que le produit du travail annuel de chacune de ces personnes occasionne à la société une perte moyenne de 800 francs, on demande de calculer de combien, par an, sur le groupe de 761 descendants de buveurs, l'alcoolisme héréditaire a lésé la société.

CALCULS. — 3,22 × 12 = 38,64; 1,31 × 2 = 2,62; 1,55 × 0,5 = 0,775; 38,64 + 2,62 + 0,775 = **42,035**; 322 + 131 + 155 = 608; 608 — 42,035 = 566,965; 800 × 566,965 = **453 572** francs.

3. — Une personne imprévoyante dépense, chaque semaine, 3^{f},75 au café. Combien, avec ce qu'elle dépense inutilement par an, pourrait-elle acheter de pièces de vin valant 65 francs l'une ? Si chaque pièce contient 225 litres, et si la famille de cette personne est composée du père, de la mère, de trois enfants et du grand-père maternel, on demande de quelle quantité de vin chaque membre de la famille pourrait disposer par jour?

CALCULS. — 3,75 × 52 = 195 francs; 195 : 65 = **3** pièces, qui contiennent 675 litres; 675 : (365 × 6) = **0^{l},308.**

4. — Calculez, de tête, la semaine d'un ouvrier qui gagne 0^{f},45 par heure et travaille 10 heures par jour. Il a perdu 5 heures au café, et on lui retient 1^{f},25 pour l'assurance. Indiquez le résultat et expliquez comment vous avez procédé. (Certificat d'études primaires; Pas-de-Calais.)

SOLUTION. — Je dis : 10 fois 0^{f},45 font 4^{f},50; 6 fois 4^{f},50 font 27 francs, gain par semaine sans perte de temps; 5 fois 0^{f},45 = la 1/2 de 4^{f},50 ou 2^{f},25; plus 1^{f},25 d'assurance = 3^{f},50 de perte. Reste 27 — 3,50 = **23^{f},50.**

5. — Un employé dépense, chaque jour, pour 0^{f},15 de tabac; en outre, le dimanche, il dépense à l'auberge 1^{f},75;

enfin, le chômage de 15 lundis dans l'année lui occasionne une dépense moyenne de 2f,20 par lundi. Évaluer ce qu'il dépense ainsi annuellement d'une façon inutile, et le capital à 3 0/0 qui correspond à cette dépense.

CALCULS. — 0,15 × 365 = 54f,75; 1,75 × 52 = 91 francs; 2,20 × 15 = 33 francs; 54,75 + 91 + 33 = **178f,75**; (100 × 178,75) : 3 = **5955** francs.

6. — Un ouvrier consomme chaque matin un verre d'eau-de-vie de 0f,15 et fume 0f,12 de tabac par jour. Combien, en se privant de tabac et d'eau-de-vie, aurait-il pu économiser en 30 ans, sans compter les intérêts? (Certificat d'études primaires; Manche.)

CALCULS. — 0,15 + 0,12 = 0f,27; 0,27 × 365 = 98f,55; 98,55 × 30 = **2956f,50.**

DEVOIRS DE RÉDACTION.

1. — Vous avez entendu raconter un cas d'alcoolisme héréditaire. Vous en rendez compte à l'un de vos amis dans une lettre que vous lui écrivez.

2. — Vous avez assisté dernièrement à une attaque d'épilepsie d'un de vos camarades. Vous racontez ce que vous avez vu; et, comme l'abus des boissons spiritueuses peut produire cette terrible maladie, vous prenez des résolutions fermes, de façon à vous mettre, autant qu'il est en votre pouvoir, à l'abri de cette affection.

3. — On dit souvent : « L'alcoolique ne fait de tort qu'à lui-même. » Réfutez cette assertion profondément erronée.

AUTRES DEVOIRS DE RÉDACTION.

4. — Montrez les effets funestes de l'alcoolisme et de l'absinthisme, au point de vue de l'hérédité. Parlez des enfants et des descendants de l'alcoolique et de l'absinthique.

5. — Il est dans les habitudes de certains corps de métier de ne traiter les affaires qu'au cabaret et en face d'une table bien pourvue de boissons. Que pensez-vous de cette coutume? Quels inconvénients présente-t-elle, même au point de vue commercial?

6. — L'alcool, dit-on, donne *le coup de fouet*. Faites voir que l'excitation alcoolique est de peu de durée, qu'elle est suivie d'une longue période d'épuisement et de prostration, et qu'ainsi l'alcool est plus nuisible qu'utile.

7. — Que pensez-vous de la *bienvenue* que, dans certains ateliers, les nouveaux arrivés doivent payer aux anciens ouvriers? Montrez les dangers de cette habitude.

8. — Deux commerçants sont attablés à l'auberge pour traiter une affaire. L'un des deux est enivré par l'autre. Le marché est conclu verbalement; mais le lendemain, le commerçant ivre refuse de livrer la marchandise, en prétendant qu'il y a eu confusion, et que les conditions financières dans lesquelles le marché se présente ne sont pas exactes. Querelles, injures, procès. Racontez tout cela. Réflexions.

FIN

TABLE DES MATIÈRES

II. — SCIENCES PHYSIQUES ET NATURELLES. — LES BOISSONS.

PARIS. — IMPRIMERIE CHAIX... SLOT, RUE BLEUE, 7.

Extrait du catalogue de la Librairie A. FOURAUT

RUE SAINT-ANDRÉ-DES-ARTS, 47, A PARIS

Le livre d'antialcoolisme des écoles primaires, d'après le programme du 9 mars 1897; par L. ANGOT, inspecteur de l'enseignement primaire. PARTIE DE L'ÉLÈVE. — Résumés. — Exercices d'intelligence. — Lectures. — Devoirs de rédaction. 1 vol. in-18 jésus, cart. . . . . » 35

Nouveau carnet de correspondance entre l'école et la famille, par L. ANGOT, inspecteur de l'enseignement primaire, et P. HORRÉARD, rédacteur en chef de l'*Instituteur pratique*. 1 vol. in-12, cart. . . . . » 15

Lectures familières sur le travail industriel, divisées en trois parties : 1° la force ou la physique industrielle (définition et nature de la force); 2° la matière ou l'histoire naturelle industrielle (les minéraux, les végétaux, les animaux); 3° le travail ou l'industrie (les industries minérales, les industries végétales, les industries animales); ouvrage renfermant 55 figures; à l'usage des écoles primaires, des pensions, des collèges, etc.; par L. POURRET. 1 vol. in-12, cart 1 50

Mosaïque des écoles et des familles (prose et poésie), livre de lecture, de récitation, d'éducation morale; par LOUIS COLLAS; 4e édition, modifiée et augmentée. 1 vol. de 336 pages, in-12, cart 1 50
— relié en toile 1 80

Petite histoire nationale des écoles primaires de France; ouvrage conforme au programme du 4 janvier 1894; par M. A. THERMES, inspecteur d'académie, ancien professeur d'histoire, agrégé de l'Université, et M. L. BOURRILLY, inspecteur primaire, officier de l'Instruction publique.

— *Cours élémentaire :* des origines à la fin de la guerre de Cent ans; avec cartes et gravures dans le texte; 2e édition. 1 vol. in-18 jésus, cart . . . . » 60

— *Cours moyen :* de la fin du moyen âge à nos jours; préparation à l'examen du certificat d'études; avec cartes et gravures dans le texte; 2e édition. 1 vol. in-18 jésus, cart. 1 20

— *Cours supérieur :* choix de lectures historiques, précédé d'un Résumé d'histoire générale; à l'usage des candidats au certificat d'études, des élèves des écoles primaires supérieures et des écoles normales, des classes d'enseignement moderne des lycées et collèges de garçons et de jeunes filles, des cours d'adultes, des bibliothèques scolaires, etc. 1 vol. in-18 jésus, cart. 2 40

PARIS. — IMP. CHARLES BLOT, RUE BLEUE, 7.

www.ingramcontent.com/pod-product-compliance
Ingram Content Group UK Ltd.
Pitfield, Milton Keynes, MK11 3LW, UK
UKHW020320250726
13967UKWH00004B/1786